我
思
· COGITO ·

# 壮游中的
# 女性旅行者

LE VIAGGIATRICI DEL GRAND TOUR
Storie, amori, avventure

〔意〕阿蒂利奥·布里利 (Attilio Brilli)　西莫内塔·内里 (Simonetta Neri) 著

董能 译

GUANGXI NORMAL UNIVERSITY PRESS
广西师范大学出版社
·桂林·

壮游中的女性旅行者
ZHUANGYOU ZHONG DE NYUXING LYUXINGZHE

策　　划：赵黎君@我思工作室
责任编辑：韩亚平
装帧设计：周　飞
内文制作：王璐怡

**图书在版编目（CIP）数据**

壮游中的女性旅行者 /（意）阿蒂利奥·布里利,
（意）西莫内塔·内里著；董能译. -- 桂林：广西师范
大学出版社, 2022.9
　　（我思万象）
　　ISBN 978-7-5598-5146-8

　　Ⅰ. ①壮… Ⅱ. ①阿… ②西… ③董… Ⅲ. ①女性－
人物研究－欧洲－18-19 世纪 Ⅳ. ①K850.085

中国版本图书馆 CIP 数据核字（2022）第 116571 号

广西师范大学出版社出版发行
（广西桂林市五里店路 9 号　邮政编码：541004）
（网址：http://www.bbtpress.com）
出版人：黄轩庄
全国新华书店经销
山东临沂新华印刷物流集团有限责任公司印刷
（临沂高新技术产业开发区新华路　邮政编码：276017）
开本：635 mm×960 mm　1/16
印张：14.25　　　　　字数：167 千
2022 年 9 月第 1 版　　2022 年 9 月第 1 次印刷
定价：58.80 元

如发现印装质量问题，影响阅读，请与出版社发行部门联系调换。

# 目　　录

引言　英国绅士式旅行中的妇女们 / 1

第一章　在枢机主教与贴身男伴之间的维纳斯 / 33

第二章　"巴斯的阔太太"去旅行 / 45

第三章　载着歌手和大键琴的马车 / 55

第四章　双胞胎妻子 / 67

第五章　一位逃离大革命的女画家 / 77

第六章　黑色旅行的终点 / 91

第七章　未竟的旅行 / 101

第八章　被卡廖斯特罗引诱的女人 / 107

第九章　言情派的贝德克尔 / 117

第十章　女旅行者们的神谕 / 127

第十一章　蜗牛的斑斓轨迹 / 135

第十二章　一位女雅各宾派的政治旅行 / 147

第十三章　忧郁做伴 / 159

第十四章　与鬼魂交谈 / 171

第十五章　"在这片天空下，就连苦难都不一样" / 185

第十六章　为了自己和他人的旅行 / 199


参考书目 / 207

译名对照表 / 212

# 引　言
# 英国绅士式旅行中的妇女们

我相信，根据拜伦的说法，人们把这句格言归功于狄德罗：为了描述一个女人，需要把笔蘸进彩虹里头，得用蝴蝶双翅上的灰尘才能把墨水弄干。

——玛格丽特·布莱辛顿

## 壮游的女性新主角们

经历了拿破仑时代的狂飙突进，当和平猝然降临、囚笼般的英伦岛国的大门最终打开之际，每个向往漫游的英国人的最高愿望就是效仿几乎被遗忘的祖先们的习俗，将相当一部分的人生和金钱花费在马车中，穿梭于欧洲大陆的邮路之间。随着旅行的普遍恢复，欧陆各国的其他贵族们——法国人、德国人、佛拉芒人、波罗的海人、俄国人，也有同样的举动，全都愉快地回归旧日的风俗，享受几乎被忘却的欢乐。和他们一起的还有忙碌的商业代办、剧院人士，尤其是作家和画家。在 18 世纪这个旅行的黄金时代，在同样的知识与渴望之路上大胆奔波的不止那些雅好艺术、酷爱古迹的老少绅士，还有一批敢作敢为的女士，她们几乎毫无例外地属于世家大族和富豪人家。尽管相对于人多势众的男性大军，她们只是人数稀少的游击队，但她们当中没有人消极地安于被普遍固化的仪式性地位；没有人在访问画廊、知名艺术家的工作室或教堂（即便是声名狼藉的教皇党人的所在）时困得打哈欠；几乎没有人心怀狐疑地看待与她们本国不同的习俗和风尚；并不是所有人都带着轻蔑的傲慢，居高临下地观察她们马车周围的本地人群。在讲述自身以及自身的经历时，她们不愿固守最俗套的陈词滥调，并且意识到自己是壮游的女性新主角。这些开创先河的女性旅行者在我们眼中发挥了不落下风的作用，通过对比突出了男性旅行者的精神焦虑、偏见、胡思乱想和自以为是，而男性直至那时还被认为是欧洲列国命运之旅的真正旅行者——如果不是唯一的话。

玛丽·沃特利·蒙塔古（Mary Wortley Montagu）是 18 世纪最权威的心怀世界大同精神的人士，她和蔼地责备女儿对意大利的错误观念，断言不值得以男性旅行者的叙述为依据，因为他们回国时的见闻还不如待在家中对着一张地图凭空幻想来得多。她还补充说，小伙子们只记得在哪里偶遇过最优质的葡萄酒或最容易得手的女人，而显赫人物，至少是最知书达理的那些，仅仅记录中转驿站以及一地和另一地之间的距离，至多也不过记录一下著名宫殿。

安娜·米勒（Anna Miller）在 1776 年主张，旅行要求我们摆脱自身观察方式的偏见，那些偏见是如此根深蒂固，以至于妨碍我们不偏不倚地评价那些生活在遥远国度、看上去和我们不一样的人，而他们和我们之间的差异与阻隔我们的里格 [1] 数成正比。

---

1　原文为 le leghe，是欧洲和南美洲使用的一种长度单位。各国的里格长度不同。在安娜·米勒的英国，1 里格合 4.828 千米。译者注（本书脚注除特殊说明外均为译者注）。

在谈及意大利人时，海丝特·皮奥齐（Hester Piozzi）走得更远，她采用了一种不同寻常的友爱态度，同萨缪尔·夏普（Samuel Sharp）或托比亚斯·斯摩莱特（Tobias Smollett）慵懒的不宽容针锋相对。

玛丽·贝里（Mary Berry）在强调必须摆脱陈腐的典型英国式离奇想法时，谴责了趾高气扬、目空一切的不列颠岛屿性局限。她断言，在英国定居四五年后，我们就容易淡忘欧洲大陆以及它的多样、壮美和吸引力，至少在重新踏足那里之前是这样。

即使当女性旅行者根据常规叙述医院、监狱、精神病院等监护设施的时候，她们也具备异性旅行者所没有的谅解和倾听的才能，正如玛格丽特·布莱辛顿在论阿韦尔萨（Aversa）精神病院病患的段落中所显示的那样。

在谈到她们的旅行时，创作这些作品的女作家实际上是在讲述她们人生的关键时刻。从 1757 年翻过阿尔卑斯山另一头的安妮-玛丽·杜·博卡日（Anne-Marie du Boccage），一直到 1854 年探索未被窥探过的游览目的地的杰西·E.韦斯特洛普（Jessie E. Westropp），她们那感情充沛、历经磨难、戏剧性十足的讲述持续了一个世纪，而且，由于她们代表了新兴社会阶级对旅行的逐渐参与，故而生动说明了一百年间西方世界范围内的人们在目标、旅程以及移动方式方面发生的变迁。她们中的许多人在这一沿途行路的风尚中发现了未曾听闻的资源，并且提供了她们遇到的国家、文明和人口的新颖概况，从而呼应了"已经被描述过许多次的地方还能谈出什么新意"的安娜·詹姆森（Anna Jameson）之问。海丝特·皮奥齐流露出具有惊人现代特征的心理，且一反她的同时代人对外国的怀疑态度，她提醒女性旅行者和男性旅行者，针对外国和它们的文化所形成的诠释和评价往往难免偏颇之处，因为它们取决于偶然性以及与其背景无涉的因素。对一种外国文明的观点应该出自平静、客观的比较，因为通过对照，被当作参照基石的本国文明就可以更全面地显露其优点和局限。

从这一潮流最初显现之时起，女性在旅行习俗以及从中派生的文学中的自主、积极的存在就免不了遭人讥讽和挖苦，更不用说恶毒的流言蜚语了。出发前往欧陆的一些英国贵妇常常承认，一踏足加莱（Calais），她们在本国无可指摘的举止就完全变了模样。尽管萨缪尔·约翰逊断言，没有完成壮游的人会受到自卑情结的困扰，他却责备讨人喜欢的海丝特·瑟瑞尔（Hester Thrale）和歌唱家加布里埃列·皮奥齐（Gabriele Piozzi）的共赴意大利之举，说她任由自己被幻影所诱惑。复辟[1]最激烈的敌人西德尼·摩根（Sydney Morgan）在为她自己的旅行著作《意大利》（*Italy*，1821年）挑选用来盖戳的题铭时，毫不犹疑地采用了玛丽·沃特利·蒙塔古的一句颇有说服力的格言，它淋漓尽致地说明了女性旅行及其相关著述的最糟糕的顾虑。书中断言，结束欧陆之旅回国的女性常常处于令人遗憾的处境：如果她们叙述已经被说过的事情，就会显得乏味，人们会说她们像傻瓜一样盲目瞎逛；如果她们确实报道了某些新鲜的东西，人们又在她们背后讥笑，觉得她们讲的是谎话和不切实际的浪漫逸事。要让人们相信她们的叙述以及她们自己是好奇的、独到的，尤其要让人们相信她们是有自主判断的旅行者，女性面临诸多困难，至少在这段经历的开头阶段是这样的。人们怀有恶意地揣测她们出国访问的目的以及方式，这种恶意的蛛丝马迹流露在18世纪的叙事文学中。比如在托比亚斯·斯摩莱特的流浪汉冒

---

1　原文 la Restaurazione，指的是拿破仑失败后，先前失势的欧洲各国君主重建统治的反动时期，从维也纳会议持续至 1830 / 1831 年。

险小说中就有人说，旅行对妇女产生的唯一效果就是，她们会为了追逐穿着和其他所有领域的时髦而增加开销。报纸就更加下流，它们预测，若是有贵族家庭的女眷进行壮游，那么该家庭的未来继承人很可能会是某个法国芭蕾舞教练或意大利教师的儿子。

然而，也不乏对于女性的才能智谋及其自主权利的赏识，尽管寥若晨星。在为妻子伊丽莎白·维热（Elisabeth Vigée）辩护时，从法国大革命中幸免于难的天才画家让-巴蒂斯特·皮埃尔·勒布伦（Pierre-Baptiste Pierre Le Brun）撰写了一篇热情洋溢的辩词，盛赞女性的聪明才智，主张人们不应假装相信妇女只胜任琐碎细故，出于无奈才不得不原谅她们投身于"艺术和科学的神圣殿堂"的意愿。五十年后的1845年，当女性旅行哪怕在中产阶级当中也已经成为相对稳定的习惯时，身为艺术专家以及丈夫——伦敦国家美术馆（National Gallery）馆长查尔斯·伊斯特雷克（Charles Eastlake）——的合作伙伴的伊丽莎白·里格比（Elizabeth Rigby）估量了这一现象。她阐述女性旅行者是如何在不到一个世纪的时间里获得观察能力的，但凡她们还守在炉灶边上数着洗碗布，这种能力就没有办法展露出来。一旦置身于家庭环境之外，处于能够传达其理念并将理念倾注于书信、日记和手册中的状态时，妇女就能表现她们在观点、分析、诠释和判断方面的完全独创性。伊斯特雷克夫人继续说，男性常常表现得平平无奇、俗不可耐，或者准备不周、即兴发挥，女性却显得充满活力，能够深思关键事物，对其了如指掌，并忽略那些她们没有确凿知识的事实。与此同时，她们并不隐瞒对斯特恩、歌德或罗杰斯（Rogers）等男作家的推崇，后者擅长展示自己，他们的作品成为讲述旅行的艺术中的权威、新奇的参考依据。

## 奔向自由

女性习惯于从自家花园的绿脊上观察世界，她们从那里将住宅、正在进行的劳作以及家庭场景尽收眼底，但并不包括向男性敞开的、从更高耸的山地上看去的更广阔、更遥远的视野。18 世纪末，汉娜·莫尔（Hannah More）在一篇论英国妇女状况的随笔中忆述了女性这种受到制约的眼界，它富有象征性地成为妇女教育的产物，正如玛丽·贝里所承认的那样，就在头脑开始像花朵一样绽放并渴求知识的一刻，妇女教育却被认为已经完结。在先前的一个世纪，玛格丽特·卡文迪许（Margaret Cavendish）已经把在自己家里蹦蹦跳跳的女性比作不被允许展翅高飞的笼中鸟雀。用尽一切手段压抑贵族少女的理性能力从而将她们养育得愚昧无知的习俗，遭到玛丽·沃特利·蒙塔古多次抨击，根据她的说法，即使某个少女能够突破奶妈灌输的那些琐碎无聊之事，她也不应该声张出来，而应任由其全部知识废弃无用，"就好像被埋葬在矿山里的金子"。蒙塔古夫人补充说，文化对于妇女的幸福来说是必不可少的，而无知是人类行为中一切挫折和谬误的沃土。在约定俗成的惯例中，男性接受收效甚佳的学习课程，以标配的欧陆各国"环游"告终，而年轻女子则恰恰相反，她们被委弃在彻底的迟钝中，无论如何都无力运用其心智。接受束缚重重、古井无波的家常生活是通常要求妇女做到的美德，而对于男人，迈向更远大的前景、善于持续改变境况却受到褒扬。一旦变成妻子，女人就遵照习俗，始终被搁置在家庭的尺寸之地，担负起管理家宅、照料家人的义务。妇女的命运类似被释放的奴隶，德·斯塔尔夫人（Madame de Staël）认为，如果她们想要提升等级，人们就会指责她们僭夺了法律并未授予她们的权利；如果她们不这么做，就会被当成仿佛奴隶是她们不可让渡的身份一般对待。这些话看上去是对孟德斯鸠的俏皮话的答复，后者认为，对妇女来说，成为家庭奴隶总是好过成为真正的奴隶。

那些具有热烈的决心，渴望钻研某种学问的女性引发了最不怀好意的质疑：她们如何在求学的同时不失去女性特征呢？因为这个原因，她们中的相当一部分即使不去压制，也被迫隐藏对文化的热爱，或者她们刻苦掌握的东西。玛丽·沃特利·蒙塔古辛辣地讽刺道，世上没有人比妇女更应受谴责、更多地暴露于嘲笑之下了，因为根据普遍观点，一个文雅的女人是多嘴、放肆、空虚和傲慢的造物。实际上人们认为，只提供初等和一般性的教育可以防止女青年表现出过分的自主性和趾高气扬，这样她们就易被驯服，可以顺从别人为她们挑选的丈夫的性格。但是也有一些女性竭尽全力地试图追求自己的文化渴望，甚至勇敢地将其宣之于众，以此作为独立自主之举，如果不是挑战之举的话。后一种态度是有可能在完成并讲述壮游的过程中表现出来的，换言之，壮游就是提升文化修养、增长见闻之旅。这是一个多多少少心照不宣地让她们将在家里或出于个人主动所学的东西显露出来的场合。海丝特·皮奥齐在她的旅行记开篇并非偶然地提醒读者，尽管教育这个词对于妇女来说是陌生的，但她的父母不但应该教她读写，而且还应教她思考，直至一个小女孩成为奇才。许多踏上旅途的女性所铺陈的叙述以地形学、历史学以及人类学方面独特的敏锐性而著称，其他女性则编制了从文献记录角度而言相当重要的绘图册或水彩画图册。

**胸病和精神疾病**

不稳定的健康状况也许是贵族妇女摆脱家庭束缚所能够求助的唯一合法理由。除了传统上促使人们前往意大利等气候温暖国家的胸病，还得添上有潜在危险的精神疾病，它一般被概括为忧郁症，是空虚和隔离的产物，也是可以随着环境的变化被治愈的。出于这样或那样的理由得以参与贯穿欧洲的旅行，这为女性提供了不用死盯着厨房里的年历，并抛下宗教圣典的机会，以便在旅行手册和待访问国家的导览指南上收集资料。这一时期的女性们偏爱的文学类型是和旅行相关的小说，从汤姆·琼斯（Tom Jones）[1]的艳情和大胆冒险，到鲁滨孙·克鲁索和格列佛的异域经历，再到堂吉诃德的幻想传奇，更不要说像约瑟夫·班克斯（Joseph Banks）和詹姆斯·库克（James Cook）这样伟大的陆上和海洋探险家的航海日志了。只要妇女仍然被委弃于家中，这些图书就是逃脱愿望的替代品；它们随后变成旅行伴侣，人们读着这些书想入非非，借此打发马车中的时光。即使在这种情况下也不乏保留意见，汉娜·莫尔就是其中一个代言人，对她来说这些旅行图书弄乱了女青年的想象，并刺激了不正当的头脑热情。这位女作家继续说道，她们实际上应当知道，生活并不是一篇到处是惊心动魄的冒险的小说，而是一部真实的历史，其中有许多令人沮丧的段落，缺乏趣味，充满无聊。1795年，一部流行旅行手册的作者、德国人弗朗茨·波塞尔特（Franz Posselt）更直率地警告妇女不要进行壮游，理由是可能引发想象和情感方面过分的冲动。

旅行使得女性能够比较其他文化及社会习俗，并促使她们吁求和家庭生活、虔敬功课以及家务经济并无绝对关联的受教育权。欧洲启蒙主义文化的巡游女大使艾丽莎·冯·德·莱克（Elisa von der Recke）就此问题主张，以女性会心不在焉地偏离她们唯一的、

---

1 英国小说家亨利·菲尔丁（Henry Fielding, 1707—1754）创作于1749年的长篇小说《弃儿汤姆·琼斯的历史》的主人公。

真正的目标，也就是照料家庭和子女为由，想将妇女从理性的敬拜和情感的操练中排除出去，这样的做法是严重的偏见和重大的局限。作为新潮的女性旅行者，贵族妇女以及后来的资产阶级妇女为丰富壮游的价值做出了贡献。经历过壮游的女性传播第一手的知识，并用她们的榜样激励效仿精神。妇女倾向于将自己和男性区分开来，她们的兴趣爱好范围更广，包括对各民族的习俗和社会状况的关注，由此取代了传统的博学研究以及对经典古迹的压倒性热情，尤其在意大利。女性旅行者对不同国家中涉及妇女的制度和习俗保持特别的关注。隐修院的修女在每个时代都会激起改革宗女性旅行者的义愤，她们在修女弃绝尘世、多多少少心甘情愿的自我囚禁中察觉到令人恼怒、错乱失常的妇女地位的隐喻。反过来，她们对于在不同知识门类中出类拔萃的女性怀有浓厚的兴趣，例如玛丽亚·加埃塔娜·阿涅西（Maria Gaetana Agnesi）或劳拉·巴斯（Laura Bassi），二人都是博洛尼亚大学的教师。玛丽·沃特利·蒙塔古是最早赞同这一观点的女性之一：在意大利，妇女因其天赋和才能受到赞赏，而世上没有哪个国家像英国这样轻蔑地对待她们。侍从骑士（cavalier servente）的形象被普遍解释为意大利妇女在特定社会层面上所享受的自由的标志，男人被贬低至卑屈的、寄生的角色。最后，女旅行者是最早体验到一种斯特恩式的旅行情感观念的女性，这种观念被转化为对近邻，尤其是对一切差异形态的仁善态度，从而暴露出那些以自身假想价值观的坚强捍卫者自命的男性旅行者的优越感，并冲淡了他们作为外邦人的自高自大。

## 流亡者的庇护所

玛丽·沃特利·蒙塔古的女儿曾向母亲位于意大利的住址寄去

博林布鲁克（Bolingbroke）有关流亡的论著。蒙塔古回复说，她兴致勃勃地读了这本书，因为这是一个与她密切相关的主题。实际上，女性的旅行以这样或那样的方式，且比人们所认为的更频繁地涉及流亡者的处境。有一种流亡是非自愿的或强制的，当自身和家人处于危险中时，人们就会被迫放弃自己的国家。这发生在画家伊丽莎白·维热·勒布伦身上，她犯了为玛丽·安托瓦内特王后效力的罪过，在法国大革命爆发之际携女儿和家庭女教师逃往意大利。仅仅数年后，身在巴黎，把自家沙龙改造成一处国家机关的斯塔尔夫人被拿破仑剥夺权利，她被迫离开首都，并面临一场正如她的回忆录《十年流亡记》（*Dix annés d'exil*，1821 年）所陈述的流亡。

还有一种流亡是自愿的，妇女出于自身动机选择放弃自己的住所和惯常的友谊，哪怕是暂时地，以便逃避被社会排斥的处境，或赋予自身存在以全新的意义和全新的动力。海丝特·瑟瑞尔和她的三年壮游就是具有象征性的例子，她这么做是为了平息在和一位意大利歌唱家结婚后遭受到的伦敦社会的严厉谴责。在另一个时期和另一种境遇下，还仅仅只是女青年的玛丽·雪莱（Mary Shelley）在和也决意出逃的无政府主义者、已婚且是两个孩子的父亲的珀西·比希·雪莱（Percy Bysshe Shelley）为爱情私奔后，同样成了自愿流亡者。

性格莽撞、意志坚决的女性伊丽莎白·瓦萨尔·韦伯斯特（Elizabeth Vassall Webster）求助于贵族的壮游习俗并淹留在意大利，以此作为逃脱英国乡下乏阿宅邸的孤独生活的唯一手段，部分也是为了摆脱令人厌恶的配偶。当她在 1793 年必须暂时回国看望垂死的父亲时，她在日记里记录道，接近英国的每一步都令她意志消沉，光是想到那里的生活就让她深恶痛绝。对玛格丽特·布莱辛顿来说，旅行和长期逗留意大利代表了逃离她自身的过去，并且是对拒绝她跻身其中的伦敦上流社会的一种报复形式。这是一种仿效的流亡，她在和以流亡者为别名的拜伦的长篇对话中分享了这一想法。更复杂的是在一段爱情关系破灭后抛弃久居之地的一类人，在这种例子中，旅行可能具有逐渐摆脱阴郁生活的特征。受到斯塔尔夫人的著名格言"爱情是女人一生的历史，却只是男人一生的插曲"启发，在不得不面对无止境的悲痛之前，安娜·詹姆森别无他法，唯有让她创造的人物在从意大利返回的途中死去。对女性世界来说，尽管十分渴望，但她们并不只是出于教育和消遣的目的才开展旅行，相反，当她们处于人生的关键时刻，旅行常常被转化为一种寻求解脱的举动。18世纪贵妇和资产阶级妇女在讲到她们的旅行经历时，会叙述惊心动魄的出逃、艰苦的历险以及感人的爱情故事，在平静的自然和艺术的全景图衬托下，这类经历的戏剧性一下子脱颖而出。

历史偶然性和意识形态有时候可以创造出独特的女性论述，改变并打破相对单一且无涉政治立场的文学体裁的流行。有些女作家采用和流亡者的路径截然相反的旅行类型，这批流亡者由于理念、态度及生活方式的缘故，忍受着有志难伸之苦。在这样的例子中，有些人以理想的名义踏上路途，宣扬传播并使之成为衡量和评判一个时代的参考标准。在生于斯长于斯的库尔兰（位于今天的拉脱维亚）经历了神秘主义教派的创伤体验后，艾丽莎·冯·德莱克过上了居无定所的生活，从一个欧洲国家首都辗转到另一个首都，从一处温泉疗养地辗转到另一处，以便使自己成为启蒙时代理想的女大使。爱尔兰人西德尼·摩根的例子十分引人注目，她身处让人透不过气的复辟时期的心脏地带，却成为雅各宾派以及反英理念的最后一员干将，她关于法国和意大利的著作是旅行文学中独一无二的典范，在不同国家被查禁，这就等于说理念的放逐要先于人身的放逐。

## "敞篷马车帽"

当海丝特·皮奥齐按照每一位有身份、有财力的壮游旅行者的习惯，亲自走进一位知名画家——庞佩奥·巴托尼（Pompeo Batoni）或他的某位竞争者——的工作室，并摆好造型让别人画她的时候，服装代替她发言，因为它们构成了她行走半岛的完整地图。她说她在那不勒斯买了帽子，在威尼斯买了衬衣，在帕多瓦买了鞋，在布雷西亚买了袜子，在米兰买了衬裙，在热那亚买了花边和饰带，在罗马买了其余的东西。另外，海丝特过于精致典雅，以至于无法向读者眨眼自嘲，尽管她在描述她的衣着时暗示了莎士比亚笔下美丽的鲍西娅用来打发她的求爱者的一句俏皮话。这句话说的是，从此人的穿着来看，她觉得他像是个壮游归来的纨绔子弟。在耗时漫长的马车以及驿站旅店之行中，没有人会责怪夫人们炫耀她们壮观的假发、闪闪发光的宝石以及花边和饰带上的皱泡，因为实际上，就连最豪阔的贵妇都放弃了在打扮和穿着方面过于烦琐的礼仪。旅行要求服饰能够顺应差异极大的环境，并适宜任何气象状况，另外相对统一、简单实用的衣服也受到青睐。女士们实际上穿的是带风帽的宽大斗篷、带小号女式短披肩的外套，以及缎子和软垫制成的短上衣——小腰身女式大衣。因为不舒服，她们把带有鲸须撑骨和诸如此类的服装缀物的紧身衣抛在一旁。人们常常建议踏上旅途者在外套或裙子内侧缝上一只口袋，以便装贵重物品、钱币和切割用具。玛丽·沃斯通克拉夫特（Mary Wollstonecraft，玛丽·雪莱的母亲）在 18 世纪末以她独有的生硬和断然的方式讨论了服装问题，敦促准备出发的任何阶级的女性不要想着招摇过市，或给随行的旅

《海丝特·皮奥奇像》，现藏英国伦敦国家肖像馆

伴留下什么印象。"头脑的尊严,"她问道,"能够和如此短浅的考虑共存吗?"她们的任务并非穿戴时髦的华服并梳妆打扮以便让人产生好感,她继续说,而是要像男人那样,在头脑中有清晰的目的,弄清楚为什么要奔波辗转并持之不懈地追求。

18世纪和19世纪之交,人们倾向于采取一种具有男性风格的服装类型,穿着松散和非正式的服装,即便这么穿的妇女会引来闲言碎语和非难的目光。在资产阶级出身的女性旅行者当中,还另外流行穿着废旧衣服,这样做既方便行动,又耐得住磨损。在旅行用的帽子当中,有一种遮耳帽恰恰被叫作"敞篷马车帽"(chapeau cabriolet)。而在仪式性的配饰中,除了团扇和阳伞,旅行手杖(bâton de voyage)是不可或缺的。所有这些只对在旅程中断断续续地长期停歇的贵族女旅行者才有用,于是,随身配上一辆用作衣柜的马车就是必不可少的了。玛格丽特·布莱辛顿证实了这点,据她的说法,一辆"女性之福"的大号行李车(fourgon)可以消除旅程中一半的不便,就像手册上说的那样。人们从这家宽敞、活动的"百货商店"里取出不但对于旅行,而且对于一切场合都必不可少的衣服和物品。"没错,行李车是真正的福利,"布莱辛顿伯爵夫人重复道,"祝其发明者的灵魂平安!"[1]

在喧嚣的旅途中,女性没有放弃化妆,即使她们采取的方式不如平时那么周到。杜·博卡日夫人怀着混杂了好奇和赞赏的心情,记录缺少胭脂和粉黛的意大利妇女天生的苍白,并观察到,这样她们就能任由情感更好地显露出来。为了合乎她们的这种习惯,她亲自实践,尽可能少地敷抹化妆。她在这样做之后承认,脸上涂抹过多脂粉并不适合在炎热国度旅行,在那里,人们常常手握一块绢帕

---

1 本段的"敞篷马车帽""旅行手杖""行李车"等都是法语词。

以备擦拭汗水。

## 了不起的平等派女杰

在从一个地方到另一个地方的无休无止、疲惫不堪的辗转中，舒适的旅店或客栈房间中的羽毛床，以及被布置得富丽堂皇的餐桌成了遥远的记忆。接待有身份的城市女性旅行者的贵族府邸更有理由提供这样的服务。据杜·博卡日夫人回忆，在贵族世界中人们习惯于到处提前通报男女外国人的到访，而被举荐的人感到自己有义务盛情款待他们。艰苦的旅行本身不可预料，放大了行路之人的脆弱，不管是哪一类人。今日以身为城市贵宾而得意的夫人，到了明天就可能再度置身街头，听任风雨的摆布，期待着重新登上马车，马的挽具在驿站驭手的骂骂咧咧声中被解开。财产和性别的差异在旅途中被取消了：道路是位了不起的平等派女杰，她不区分男女、贫富、贵贱。[1]"1786 年 9 月 20 日，我重新开始信任我的马车，直至那时它还没有给我们造成任何事故。"海丝特·皮奥齐写道。她流露出旅行者中最为普遍的忧惧，补充说一切都进行得十分顺利，尽管人们会读到吓人的叙述，涉及崎岖的道路、恶毒的马车夫、为了抵达一处找不到任何能够下咽之物的荒凉客栈而被迫在泥坑中挣扎的女士们。在不得不在马车中度过的漫长时光中，非得安顿好肚腹和头脑不可。在前往费拉拉（Ferrara）和威尼斯的途中，安娜·米勒说她准备好了一整套零散但却重要的小玩意：几本值得读的书，

---

1 此处作者玩了一个文字游戏，意大利语的"道路"（strada）为阴性，于是作者采用"平等派"一词的阴性形式 livellatrice 加以修饰，以此契合本书的女性主题，故这里将其译为"女杰"和阴性代词"她"。

连同音乐总谱一起的曼陀林琴，装着鱼饵和火镰的盒子，一些蜡烛，若干生火腿，若干冷鸡肉，一块帕尔马奶酪，葡萄酒，水，以及一打柠檬。

贵族男女身边常常伴随着货真价实的一大群侍从，他们担负着特殊的职责。无论何种情况下，模范仆人的陪同是不可或缺的，他们必须会说一点当时的国际语言法语，懂得书写和誊抄他在路上碰到的布告，并掌握放血的本领。在19世纪，最富裕的人会雇佣信差[1]，他们几乎总是意大利人，其任务是安排好旅途的每一个方面，以便让男女旅行者卸去所有责任。信差变成管家（factotum）的一种，具有模棱两可的魅力的传奇形象，而且据亨利·詹姆斯的讲述，他们对女性旅行者有很大的影响力。1800年，玛丽安娜·斯塔克（Mariana Starke）恰恰将其手册《意大利旅行记》（*Travels in Italy*）献给家人、病人，以及"无力雇佣信差的人们"。

随着前往越来越广阔、越来越不富庶的地方旅行的可能性增加，使用公共交通工具的习惯蔚然流行。邮传驿车或专线驿车能够在车厢内外难以置信地运送多达三十名拥挤的乘客，成为最有说服力的象征，证明道路的平等派特色。通知驿站主客人到达的长长号角声在很长时间里都维持了其传奇声誉。任何一类旅行中都事故频发，玛丽·贝里和阿格尼斯·贝里（Agnes Berry）姐妹是最早反复提及此事的女性之一。例如，玛丽提到马车的车轴在诺瓦拉（Novara）门那里断成两截。幸运的是，道路护栏避免了马车完全翻倒和人员伤亡。另一次，车辆的平板断裂，导致将近三个小时的滞留。据玛丽讲述，在此期间"我们一直坐在路边，看守着旅行箱和行李"。

---

1  这里的信差是一种特殊职业，专门服务来意大利旅行的外国人。根据文中的叙述，他们并不只做送信的差事，而且还负责旅途中一应事务。

## 女士住店

对于旅行者来说，驿站旅店是可遇而不可求的休憩港湾，而且就像道路一样，旅店竭尽所能地无视冒险家的出身和社会地位。贝里姐妹宣称，她们在苏萨（Susa）一家旅店中度过的意大利第一晚无法合眼，因为跳蚤骚扰不断。在博洛尼亚亚平宁山的梅斯奇耶里（Meschieri）客栈，安娜·米勒说她在狼吞虎咽了一碗带着一大堆猪鬃、猪眼、猪口鼻的猪头肉汤后再也难以入睡，就连这头动物一命呜呼前吃下的食物都残留在了它的牙齿间。18 和 19 世纪之间的旅行文学提供了数不胜数的极其糟糕的旅店案例，那里的服务粗枝大叶，食物难以下咽。没有比达尔基斯·霍尔摩斯夫人（Mrs. Dalkeith Holmes）在 1838 年提供的例子更有说服力的了。她在提及从利物浦至佛罗伦萨的马上旅途中经历的法国小吃店、它们的服务以及勤杂工时，概括为"恶劣的妇人，恶劣的床铺，仪态也同样恶劣"。

在 19 世纪初，人们以更加详尽的方式提及西德尼·摩根所说的"口腹的弹药"（ammunition de bouche）以及葡萄酒，哪怕是在隐含仪式性特征的情况下。安娜·詹姆斯享用的潘菲利别墅（Villa Pamphili）[1] 花园提供的早餐就属于这种情况。她叙述道，浇淋大量白葡萄酒和香槟的最佳午餐宴是在覆盖紫罗兰和银莲花的草地上举办的。杯盘是用一眼在附近涌出的清泉洗濯的，该泉此前曾被供奉给赐予清水的宁芙仙女。海丝特·皮奥齐用自发的举动让人明白了强调驿站旅店极为糟糕的管理和差劲饭菜的原因。海丝特在经过

---

1 罗马西郊的一座 17 世纪别墅，以风景别致著称。

基安蒂（Chianti）一带时沉迷于景色的优美及其出产的果实，她让马车停下并摘了一串葡萄。随后她发现，尽管客栈老板给她准备的晚餐极其恶劣，然而大自然却大方地为她提供了一道上佳的甜品。在这一表面上看似心不在焉的观察中，读者怎么会意识不到一种更加频繁地触动旅行于意大利之人的心绪的东西，也就是在大自然的豪爽挥霍和人类的懒散之间的戏剧性差异呢？怎么会不把前者的丰茂和母亲般的慷慨，同其儿女的寄生生活以及长年的、柔懦的无所事事联系起来呢？

在有些事例中，旅店可能会留下让人痛苦和焦虑的劣迹。不同女性旅行者在涉及那不勒斯王国的时候都提到这点，那里的警察在挺身而出保护客人的时候会讲述可怕的抢劫、暴力和凶残犯罪的历史。他们涉嫌同街上的歹徒串通，向歹徒提供拒绝接受其保护的旅客的名单。这比讲故事更有力地促使旅客们接受警察的护卫。

不过，并不缺少壮烈而滑稽的事迹，夏洛特·伊顿（Charlotte Eaton）在言及罗马乡下的一间陋室时回忆道："如果我们是小说里的女英雄的话，我们会产生怎样的恐惧，会发生怎样的冒险呢？！但我们完全不是这么回事，于是第二天早晨，我们太太平平地起床了。"在旅店普遍的低劣服务中，也可能出现一些惊喜。例如，艾丽莎·冯·德·莱克在维罗纳城郊一处寒酸的屋舍中惊奇地发现了塔索、梅塔斯塔西奥（Metastasio）、哥尔多尼等意大利著名作家的作品，"被堆放在摇摇欲坠、刚刚能够支撑它们的架子上"。

**在战争戏院中**

18 世纪的最后十年和 19 世纪初是女性在欧陆旅行中的存在感

与日俱增的时期，出于历史的悖论，那时欧洲的许多城市和道路都被法国军队弄得一片混乱，他们以大革命的名义越过各国边界。人们害怕敌军打到家门口，后来又被忙于征战的拿破仑大军闹得惶恐不安。位于低地国家、德国和奥地利之间的大陆心腹地带被改造为一座活动的、战事频繁的戏院，这使得旅行成为一桩特别惊险的事情。德·斯塔尔夫人在描绘内尔维尔（Nelvil）爵士从苏格兰前往意大利的旅途时叙述说，当时由于战争，需要避开法国及其附近地区，并远离使得道路无法通行的事件。女性旅行者被迫踏上其他路线，或直面无法预测的危险和不便。

1793 年，伊丽莎白·韦伯斯特必须从意大利返回英国，她的日记提供了一份详尽的报告。正如这一时期的其他男性旅行者一样，她避免进入大革命的法国，因此在翻过大圣伯纳德山口（Gran San Bernardo）后，她深入瑞士领土，并取道图宾根、曼海姆、法兰克福、科隆穿越德国，然后前往佛兰德尔。在这片广袤的土地上，不管哪里的街道都遭到炮轰和爆破的摧残，驿站旅店里什么都没有，找不到换骑的马匹。这位女旅行者笔锋一变，从报告战争的废墟和暴力转而书写来自巴黎的令人不安的消息："马拉泡在浴缸里的时候，被一个名叫夏洛特·科黛（Charlotte Corday）的女青年用匕首刺中心脏。"大大小小的城市，尤其是那些靠近边境线的城市看上去难以辨认，被改造成了军队越境的宿营地和武器弹药的储存室。地平线上冷不防冒出夹在缕缕烟柱之间的火光，周围猛然传来大炮的轰隆声。"在亚琛，他们告诉我悲伤的消息：王后被关进了巴黎古监狱（Conciergerie）[1]。"许多道路都因为军队的动向而

---

1　法国王后玛丽·安托瓦内特于 1792 年 8 月 3 日被捕，1793 年 8 月 1 日或 2 日被押至巴黎古监狱，直至被处决。巴黎古监狱位于西岱岛，是法国旧制度时期监狱之一，大革命期间关押过大批罪犯。

被禁止通行；其他道路上则行走着一窝蜂似的信使，并被乱哄哄的士兵们弄得很不安全；还有一些道路则堆满了马匹的尸骨，妨碍车辆通行。伊丽莎白进入佛拉芒一带后，记述了经过马斯特里赫特的道路状况之糟糕，这座城市被米兰达（Miranda）指挥的法国围城部队挖掘的壕沟包围，而迪穆里埃（Dumouriez）正准备入侵荷兰。

这位女旅行者多次穿过骇人的热马普（Jemappes）战役[1]爆发的平原，这场战役使得迪穆里埃控制了佛兰德尔。整个平原密布着新墓，并被丢弃的辎重车和损毁的火炮堵塞。她越来越频繁地遇上俘虏纵队，他们都还只是些小伙子，被冻得僵硬麻木，被迫边哭边光着脚在尖锐的石子堆上走路。偶尔会出现寥寥无几的居民，让人明白他们因为饥荒、惊吓以及疾病而遭了多大的罪。在弗尔讷（Furnes），伊丽莎白爬上教堂的钟楼，看到了一幅凄惨的景观：敦刻尔克的阵阵炮火炫人眼目，周围的村庄处于一片火海之中，地平线处交替闪烁着密集的火光和黑色的烟云。如此近的距离和血腥的屠杀引起的思绪以及垂死士兵脸上可怕的冷笑提醒她，就在那一刻，她的许多朋友正在死去。此后不久，她在奥斯坦德港设法登上前往英国的船，同行的还有其他精疲力竭、惶恐不安的本国人。历史总是会索要它的买路钱，当人们上路时，这笔钱除了不可预测之外，还可能特别昂贵，男旅行者也好，女旅行者也好，贵族也好，不那么富贵的人也好，都是如此，概莫能外。

## 回忆和想象的目光

霍拉斯·沃波尔（Horace Walpole）在贝里姐妹临出发前，用

---

1 这场战役发生在 1792 年 11 月 6 日。

他特有的形象表现方式提醒她们，在意大利，回忆看到的东西要比双眼看到的东西更多。这句话的意思是说，在富于艺术和历史的地方徜徉时，男女旅行者会辨认出他们先前在期待、好奇、阅读、学习过程中所掌握的东西，并将其当作自己独有之物。这可能涉及对古代的推崇、造型艺术的魅力、对音乐的品鉴，以及无论如何都免不了的、这一壮游的理想目的地的吸引力。在这个国度，阳光、气候、生活的艺术都贴近欢乐、自由以及激情的由衷表现。正是从这一回忆的遗泽中流露出自觉的、有教益的、持久的旅行乐趣。"不再被外界的印象所削弱，"摩根夫人写道，"回忆从它的'密室'中抽取出一千种美妙的纪念，于是在诗意篇章中享受过的场景在真实生活中具有了外形和实体。"尤其对于女性而言，能够在周遭现实和人性背景中邂逅此前只在美好心愿中才体验过的知识，这一点具有更加宝贵的价值，因为它对应了梦寐以求的理想的实现。辞藻华丽的玛格丽特·布莱辛顿再三重申同样的念头，她认为，在意大利，回忆就好像被魔法棒触碰过似的，它开启了满满当当的百宝箱，并在其原汁原味的布景地领略奇珍异宝一般的舞台表演和经历。

然而，沃波尔的格言中缺少一种基本的成分，这种成分注定会随着更敏锐的感觉，以及更不拘、更直率地倾听情感的风尚的来临而流行开来。这里指的是一种想象的投射，在回忆的刺激下，它凌驾于现实，同时拔高和扭曲现实。意大利是回忆与想象交织的国度，游览该国的人会在那里碰到长久以来已经在自己心中投射过的场面和景象，直至深深地被其吸引。玛丽·雪莱认为，仿佛是想象的化身一般，回响在意大利的每个名字都能满足一项愿望，并唤醒人们内心珍爱的联想。

在这个意义上，男女旅行者们比较意大利的方式十分接近诗人的想象投射。它在最初阶段会以合情合理的方式，将一种先入为主的范式强加给这个文明和这个民族，从而对其作出诠释。海丝特·皮奥齐是通过威尼斯透视风景画派的阴暗房间来辨认圣马可广场的，摩根夫人在描述风景的时候，通过萨尔瓦多·洛萨（Salvator Rosa）不安、明快的画作将景色过滤取舍。在随后的阶段，与其说人们倾向于通过艺术和文学来诠释现实舞台，不如说更多地借助想象来弥补对缺失之物的本能感知。在这种情形下，地点、人物、场景似乎都笼罩着虚构的无限光环，也就是有意识地超越现实。而在现实中，神话的闪光会毫不留情地熄灭。尽管 18 世纪的男女旅行者们凭着经验的愉悦和感官的魔力认识各地，然而到了之后的一个世纪，他们以感性和自我反射的方式重新创造了这些地方。

## 恼人的怀古幽思

在"睁着"一只孔眼瞄向湛蓝苍穹的万神殿的宏伟圆顶下，夏洛特·伊顿记录道，当这座无比壮丽的纪念碑已经巍然屹立的时候，她的那些和他们所狩猎的猛兽差别不大的野蛮人祖先还在森林中游荡。除了罗马人，他们不为任何人所知。而罗马人看待他们，多多少少就像"我们看待南方大洋的岛民"。从罗马古迹中释放出的电磁感应，被女性旅行者以一种相对于流行的古物潮而言完全新奇的方式觉察，也就是说，视其为一种先祖的、上古的文明源头同大自然矛盾共生的标志。二十年前，艾丽莎·冯·德·莱克在当时生长着一大片茂盛寄生植被的大竞技场（il Colosseo）前流连忘返，并在废墟历经沧海桑田、蜕变为青葱绿草的背后，隐约看到了大自然对人类最大胆、最恢宏的作品的侵吞式复仇。与废墟的魅力相似的是从古典雕塑当中释放的吸引力——观景殿的阿波罗（Apollo del

Belvedere）[1]、美第奇的维纳斯（Venere dei Medici）[2]、拉奥孔、法尔内塞的赫拉克勒斯（Ercole Farnese）[3]，在访问闪烁着影影绰绰火把光芒的各大博物馆时，人们试图赋予它们一种生命的面貌。光线颤颤巍巍地在精雕细刻的四肢上滑动，似乎令它们活动了起来，解除其冷冰冰的沉睡。之后还有卡诺瓦（Canova）、托瓦尔森（Thorvaldsen）或巴尔托里尼（Bartolini）等雕塑家对古代作品的重新发明，他们受到那些在逗留罗马或佛罗伦萨期间把他们的画室当作其标准歇宿地的女旅行者的青睐，如果不是崇拜的话。对于像西德尼·摩根这样一位女性旅行者而言，途经一系列尘土飞扬、嘈杂喧嚣的环境后最终到达名副其实的大师工作室，就相当于经历了一趟开启她的双眼、展现艺术创作奥秘的开端之旅。卡诺瓦的一件作品可以变成不折不扣的活神像，就好像摆着"胜利的维纳斯"的姿势被雕成的保琳娜·博尔盖塞（Paolina Borghese）塑像[4]一样。观看这尊塑像是被严厉禁止的，因为，据夏洛特·伊顿的评述，博尔盖塞亲王完全不会为有血有肉的妻子感到嫉妒，但却如此珍爱妻子的大理石像，以至于把它锁在宫殿的一间房间内，由他本人保管房门钥匙，并禁止任何人入内，包括卡诺瓦在内。

　　如果说雕像在欲望和占有方面取代了活生生的女性，那么同样

1　现藏于梵蒂冈博物馆的一尊高 2.24 米的白色大理石雕像，可能雕刻于公元前 350—前 320 年。

2　现藏于佛罗伦萨的乌菲齐美术馆，是一尊公元前 1 世纪的白色大理石女神像，高 1.53 米。

3　现藏于那不勒斯考古博物馆，为公元 3 世纪初创作的一尊大力神石雕像，高 3.17 米。16 世纪被发现后成为枢机主教亚历山德罗·法尔内塞（Alessandro Farnese）的藏品，故得名。

4　卡诺瓦的这尊白色大理石像创作于 1805—1808 年，以拿破仑的妹妹保琳娜·波拿巴为原型，由后者的第二任丈夫卡米利奥·博尔盖塞（Camilio Borghese）委托完成，现藏于罗马博尔盖塞美术馆。

千真万确的是，后者会在生活中唤起对古代的记忆。对于女性旅行者而言，只有女子才拥有将古事陈迹从幽深的隐秘之处召回，直至重新赐予其生命面貌的力量，尽管稍纵即逝。画过摆着古代雕像姿势的艾玛·汉密尔顿（Emma Hamilton）的伊丽莎白·维热·勒布伦就见证了这点。这位艾玛为了让英国驻那不勒斯大使馆的来宾和壮游的男旅行者高兴，习惯于在活体画（tableaux vivants）中摆出这样的造型。就连德·斯塔尔夫人创作的人物柯琳娜都让人回想起古代，因为正如在小说中第一次出现的那样，她的双臂具有鲜明的美感，她的体格高大且有点健硕，"好似希腊雕塑的身形"。柯琳娜像西比尔一样拥有思考过去和未来的禀赋，当她在米塞诺岬（capo Miseno）解释她的最后一首歌时，这种能力得到了令人痛心的验证，她觉得自己是"从另一个世界来的流亡者"，一个传达具有难以预估的残酷力量的神谕的女祭司。浪漫主义时代的女性旅行者们在西比尔的神话形象中辨认出同样的诗咏之声，并把它当作令现实获得生命和光明的那些情感的自发和热烈的表达。

**"阉伶歌手"**

安娜·米勒一点点走进一片分布着似乎被能人布朗（Capability Brown）[1]修剪过树木的草地，她相信自己听到了一阵奇怪的练歌声，伴随着一架斯频耐琴[2]发出的银铃般的琶音，从她要前往的别墅方向传来。这座别墅坐落在博洛尼亚的乡下，属于卡洛·布罗斯

---

1　能人布朗本名兰斯洛特·布朗（1716—1783），为英国园林设计之王。
2　斯频耐琴（spinetta），一种拨弦键盘乐器，最早问世于14世纪，一直流行到18世纪。

基（Carlo Broschi），即著名的法里内利（Farinelli）[1]，被人称作"有血有肉的小提琴"，多年来让半个欧洲的剧院欣喜若狂，还曾用歌声治愈西班牙国王腓力五世的忧郁症。为阉伶歌手的声音着迷是典型的18世纪现象，而像安娜·米勒这样的女旅行者见证了其壮丽迟暮。意大利乃美声之邦的共识因此人而比以往更加强烈，但却是以卑劣和残酷的手段为代价的。在安娜·米勒看来，尽管他年事已高，但仍具有青年人的气质和款待宾客的优雅仪态。他的注意力尤其集中于这位外国女人，因为他在她身上看到了他多年来推崇不已的英国贵族阶层的代表。考虑到他们给了他光荣、体面和财富，他为她献上一曲"旅行箱之歌"，是歌手们从一个地方到另一个地方随身携带的剧目单上的一首固定歌曲。在锡耶纳停留期间，安妮-玛丽·杜·博卡日也结识了一位著名阉伶歌手塞内西诺（Senesino），当时他应该城总督之邀出席晚宴。尽管他已演唱了七十年，而且现已退隐舞台，但据这位女旅行者讲述，塞内西诺仍有一副优美、柔顺、富于表现力的好嗓子，当他坐在古钢琴边上为来宾献上一曲饮酒歌的时候，他实实在在地证明了这点。在意大利这样一个只歌唱爱情的国度，这首歌是不折不扣的新鲜玩意儿。他的美妙歌喉令他有实力在出生的城市购置一所根据英国风格装潢的华丽宅邸。

剧院更加完整地反映生气勃勃的意大利音乐生活，即使女性旅行者们更愿意将其当作考察风俗的工具，而把专业研究的任务留给她们的同时代人、音乐学家查尔斯·伯尼（Charles Burney）。比方说，安娜·米勒在博洛尼亚见到人们采用喜歌剧（opera buffa）这一典型的意大利体裁嘲笑教会的威严，她为这样的自由感到震惊不已。此外她还讲述说，在那不勒斯，看歌剧和芭蕾舞剧看得最勤

---

1　法里内利是此人艺名。

快、最开心的常客恰恰是各修会和各级别的教士们，包括僧侣和隐修士。在都灵，国王会亲自浏览歌剧脚本，删掉不体面的以及有双关含义的句子。至于芭蕾舞剧，芭蕾舞女演员被强制穿黑色打底裤，并被要求回应观众的挑逗动作和行为。在复辟全盛时期，西德尼·摩根强调了斯卡拉剧院在米兰社会中所扮演的角色：它是商人们的消遣、文人雅士的舞台，以及政治家会面的场所。她提到，人们把音乐剧（melodramma）当作一种用来攻击权贵的有倾向性的武器。在佛罗伦萨的佩尔戈拉（Pergola）剧院观赏了罗西尼的《阿尔及尔的意大利女郎》（*Italiana in Algeri*）后，安娜·詹姆森写道，意大利到处都有人演唱这位天才作曲家的咏叹调。尽管许多模仿他的人并无其卓越的想象力，但他们"渐强"（crescendo）的势头越来越高涨，从未减弱，而人们一边回顾光辉的 18 世纪一边问道："帕伊谢洛（Paisiello）、佩尔戈莱西（Pergolesi）和奇马罗萨（Cimarosa）都去哪儿了？"

## 血与性的迷恋

安娜·米勒在卡拉瓦乔的《犹滴与何乐弗尼》（*Giuditta e Oloferne*）前惊恐万状，仿佛她正在参加一场真正的死刑处决。二者的相似性并非夸大其词，因为投身壮游的男男女女都在一定程度上熟悉这种景观。她接下来说，何乐弗尼的脖子被割断，血滴从动脉中喷出，犹滴扭过脸不去看她正在进行的恐怖之举，以及残损身体的抽搐，这些使得太过敏感的人们不宜观赏这幅画。在被吸引和厌恶之间摇摆不定的安娜·米勒特意强调了一种独特的回应意大利绘画的方式，她把许多画当成该国的一面镜子。一方面，她对艺术作品的解读是现实主义的，把握到解剖学和生理学的细节，兼具心理学的说明；而另一方面，她似乎受到对意大利的内在成见的局限，认为这个国家报复心重、残酷、冷血。意大利绘画另一个既吸引安娜·米勒又令她厌恶的特征在于它多少有点不加掩饰地表现色欲，这位女旅行者对此的态度类似于她在流血景观前的样子。不管是在都灵萨包达美术馆（Galleria Sabauda）的维纳斯像跟前，还是面对乌菲齐的特里布纳厅（Tribuna degli Uffizi）[1]的维纳斯，她清教徒式的犹豫不决被多次证明。她在描述后者的时候讳言了相当一部分的躯体。

鲜血和性欲挑逗的景观构成了意大利绘画传统的根本组成部分，成了遭到安娜·詹姆森戏剧性地抹除的对象。她在19世纪头二十年里推动一种号称最卑微之人的道德提升的艺术理想。这一主张的一项初期证明出现在她的旅行日记《苦恼人日记》（*The Diary of an Ennuyée*，1826年）当中。意大利在这本书中遭到质疑，因为它无动于衷地任由一种浸润着宗教精神的伟大造型文明倾覆。这位女作家回忆自己造访比萨墓园[2]的经历，该处的绘画代表了被文艺复兴的享乐主义背叛和玷污的那种原始、诗意的贞洁端庄之美，她借此详述整个建筑群所处的荒废状态。许多壁画变为可悲的碎片，另一些则褪了色，其残存的庄严令人不忍卒睹。当墙上的人物变得捉摸不定、如鬼似魅的时候，在日暮时分徜徉于画廊就好像掉进了巫术的陷阱，"某种难以名状、古怪、恍惚、庄严，几乎骇人听闻的东西"。随后，仿佛从梦的缠绕中解脱出来一样，这位女作家承认，若在光线充沛的白天造访，绘画就失去了它们的法力，

---

1　特里布纳厅是位于乌菲齐美术馆的一座八角形房间，藏有美第奇家族最重要的艺术作品。
2　比萨墓园和比萨斜塔毗邻，是比萨大教堂广场的一部分，以其精美的建筑、雕塑及壁画而闻名。

曾在前一夜令她着迷的奇景，如今被放到了批判性评价的清醒滤网之中。在试图推动对意大利绘画传统作出新颖解读时，她删掉了所有那些如同当时难懂、诱人的行为一般扰乱和搅动感官的东西。只有通过这一除旧布新之举，安娜·詹姆森才能使得原始的纯净取代比萨墓园不成形的图景。意味深长的是，尽管时隔半个世纪且身处差异如此之大的文化气候中，这两位女旅行者仍然深陷桎梏，一个受制于淫荡、穷凶极恶的意大利形象，另一个则深信半岛将陷入可怕的崩溃，就好像该国的这第二种形象是前一种的不可避免的遗产一样。

## 大大小小的战利品

对古物和意大利绘画遗产的系统性掠夺，外加对博洛尼亚画派和 18 世纪透视风景画派的格外青睐，是壮游时期极为普遍的现象。这样的做法既建立在收藏家穷搜尽索的本能之上，也根植于殖民心态。根据这种观念，只有最先进的文化才有资格充分欣赏并利用古代文明的见证物。女性旅行者在这方面的态度自相矛盾。海丝特·皮奥齐在罗马完成了一笔无可指摘的化石买卖，作为送给朋友们的纪念品，尽管随后她又说自己买了幅卡纳莱多（Canaletto）的画，"圣马可广场最出色的描绘"。在首都城市，男旅行者和女旅行者们会去固定地点采购，并让有才华的画家给自己画像，比如伊丽莎白·韦伯斯特，她在那不勒斯由罗伯特·法甘（Robert Fagan）、在罗马由路易·高菲耶（Louis Gauffier）画过流传后世的肖像画。霍拉斯·曼（Horace Mann）在担任英国驻佛罗伦萨大使期间，设法弄到城市的风景画，并让托马斯·帕奇（Thomas Patch）给自己画了漫画。在那不勒斯，谁想要购买这座城市出土的考古发现，只有去英国大使威廉·汉密尔顿那里才行。他搞到了发掘的特许令，并开创了一桩获利颇丰的生意。布莱辛顿夫人回忆，在波西利波山洞（Grotta di Posillipo）[1] 入口处，长期掩蔽维吉尔墓的月桂树被那些采摘树叶作为留念的游客扯得光秃秃的。海丝特·皮奥齐提醒一位正在庞贝偷偷摸摸地窃取一根人体股骨的法国男旅行者，它可能属于一个高卢士兵而不是罗马人。

纪念品代表了一个地方能够生产出来的最好的或特征鲜明的东西。在以武器制造而驰名的雷根斯堡停留期间，伊丽莎白·韦伯斯特从著名武器制造商克肯吕伊特（Kerkenrüyter）那里买了几把手枪。罗马以其生产五花八门纪念品的繁荣工业而著称，从安东尼奥·奇奇（Antonio Chichi）用软木制成的罗马建筑物的小型复制品，到沃尔帕托（Volpato）制造厂根据古代模型制作的本色瓷器小雕像，再到用微型马赛克拼图拼成的纪念碑插画。贝里姐妹在教皇之城购买了两把装饰着古罗马广场废墟图景的扇子，而安娜·米勒除了为想要找画师画像的人推荐庞佩奥·巴托尼的画室，还推荐了宝石和贝雕的雕刻师乔瓦尼·皮希勒（Giovanni Pichler）及其子，推荐了袖珍画家马尔西伊（Marsigli）。此外，她还建议购买皮拉内西（Piranesi）的版画，即使在她看来，这位艺术家常常任由自己的双手被"离奇的夸大"所控制。

除了丰富多样的纪念品制造业，造假活动也蓬勃发展。在19世纪20年代的头几年，据安娜·詹姆森讲述，在罗马有一家作坊把雪花石膏浸到鱼鳞中，用这种方式生产珍珠。正如艾丽莎·冯·德·莱克证实的那样，纪念品工业不但涉及地点，而且也涉及个人。她保留着一把意大利扇子，扇子的骨柄上刻着好几个人

---

1 位于那不勒斯城南港湾附近。该洞别名"那不勒斯地穴"（cripta napoletana）。

的名字以及写给她的题词，外加塔兰托主教朱泽培·卡佩切拉特罗（Giuseppe Capecelatro）送给她的一副细布手套。海丝特·皮奥齐在提到这种纪念品工业时，引用了伏尔泰的一段刻薄的格言，他认为意大利是欧洲的大型二手货市场，而意大利人是举世无双的废品贩子。

## 讲述旅行

有一些像摩根夫人或柯克夫人（lady Coke）这样的 18 世纪女性旅行者属于贵族妇女传统，偏好在家庭或相对封闭的范围内讲述她们在国内或外国的经历。在 18 世纪下半叶，这种谦抑自制的做法有解体的倾向，妇女们寻找具有公共特色的倾听者，以便借助人们梦寐以求的成就的名义，自由自在地讲述她们在一个比本国广阔得多的世界中的旅行和发现。此等才能的发展得到了这样一种角色意识的支持：由于妇女眼光独到、情感敏锐，她们可以投身一门许可其进入的罕见文学体裁。西德尼·摩根写道，"天资和深奥的文化"从未在妇女身上达成过一致，因此她骄傲地承认，完全可以相信妇女的笔下能够涌现出旅行文学这类著作，它们激发情感，让人类理解力之泉喷涌，纠正个人的自私自利，同时又增长阅读乐趣。随着旅行时尚在全欧洲中产阶级的普及，代表他们的文学作品销路颇佳，因此日记、书信集、报告以及旅途导览手册从边缘的大同精神的代表，转变为不折不扣的职业行为。玛丽安娜·斯塔克、玛丽·雪莱和安娜·詹姆森等采取不同方式，使得旅行文学的创作成为一种工作机会，以及个人和家庭的生计来源。玛格丽特·布莱辛顿的例子十分典型。她被背信弃义地剥夺了富有亲戚的继承权，遂将自己钟爱并一直练习的文学转变为谋生的手段。旅行报告逐渐失去了半个世纪以来所秉承的挑战姿态，当时这种体裁是逃离家庭奴役、有文化有主见的贵族妇女的见证。这一点进一步反映了旅行被吸收进越来越普遍和广泛的旅游习惯当中去。

在 18 世纪前后，旅行报告常见的文体形式是书信集，旅行的妇女在信中和家人或朋友畅谈或假装畅谈见闻。典型例子之一是安娜·米勒写给母亲的信件，其目的，如果排除借口的话，是缓解孤独和忧郁。这种形式受到青睐，是因为其娓娓道来的风格、文字和其所描述的事件在时间上基本同步的特点，以及隐含的实用主义目的，使其成为便于验证所叙述内容真实性的一种工具。按日详述旅行过程的个人日记与之不同，它几乎总是和到达停留地点同时发生，有时候和一天的不同阶段，甚至和钟点同步。暗含收信人的书信形式本质上是让事件开口说话，而日记形式则倾向于首先袒露作者的情感和理念。还有往往时隔多年后编写的回忆录，例如伊丽莎白·维热·勒布伦，这位女画家通过回忆录无拘无束地回顾自己作为流亡者和肖像画家的生活。在从玛丽安娜·斯塔克到弗朗西丝·特罗洛普（Frances Trollope）的其他例子中，旅行起到手册和导览的作用，或者佯装起到这样的作用。在其中占支配地位的是描述性功能和教导性宗旨。

随着偏爱个别城市、改变旅程踏上不寻常的路线或长时间逗留的潮流兴起，女性旅行者的报告越来越多地具有小品文的性质。一方面，弗蕾德里克·布伦（Friederike Brun）的《罗马生活》（*Römisches Leben*，1833 年）或夏洛特·伊顿的《19 世纪的罗马》（*Rome in the Nineteenth Century*，1852 年）就说明了这点，而另一方面则是克洛蒂尔达·斯提斯特德（Clotilda Stisted）的《来自意大利告别之旅的信》（*Letters from the Bye-Ways of Italy*，1845 年），这本书稿费的相当一部分被捐献给了教会和巴尼·迪·卢卡（Bagni di Lucca）的英国人公墓。最后该轮到安娜·詹姆森来证明这点：为了诉说自己的旅行，人们可以采用其他的文学形式。借助被重新发现的手抄本这一权宜之计，这位女旅行者将自身的经历倾注于某位想象出来的替身的日记当中。斯塔尔夫人通过柯琳娜这个虚构人物，采用小说形式的策略并取得非同寻常的成功。这位女作家在小说中浪迹四方的女主角身上寄托了她自己的意大利之旅的印象和回忆，以及更重要的，对于旅行的意义以及从中获得的"忧伤的愉悦"的成熟思考。在旅行报告的这种浪漫理想化过程中，女性开辟了一条道路，这条路赋予一种文体以新生，并直达当代的门槛。

# 第一章
# 在枢机主教与贴身男伴之间的维纳斯

 

安妮-玛丽·杜·博卡日在出发前就感到精疲力尽，在认识新国家新风俗的愿望和离开家庭朋友的懊悔之间烦恼不已，更不用说对健康和旅行未知数的焦虑了。因此，当她在 1757 年 4 月 25 日和担任财政部专员的丈夫约瑟夫·杜·博卡日（Joseph du Boccage）一道登上马车后，便一言不发地穿越整个巴黎，一边沉湎于自己的挂念，一边用手指揉搓旅行短上衣的纽扣。她一出城就遭遇了一场猛烈的暴风雪，夹杂着的冰雹一个劲拍打着马车顶篷，车窗被弄得模糊不清。经过第一家驿站旅店后不多时，这辆已经安稳行驶了一百英里的意大利式豪华马车的一只前轮被撞碎。这样的不祥之兆在以前会令人们生出打道回府的念头，但这位宣称自己是伏尔泰之友、迷信之敌的女旅行者心想，在这个哲学高歌猛进的时代，人们别无他法，只能挑战命运，和与之相伴的恶兆一路前行。

时隔一年，在经历了逗留亚平宁半岛各大城市的意大利之旅后，她在收拾行装、再度告别上路之际抓住机会，以充分的理由，断言每一位成年妇女都有权参与命中注定的壮游，而这在习惯上是专属于贵族青年男性的特权，以此作为其培养的圆满完结。就这一课题，她提醒人们，尽管梭伦年事已高，至少年届五旬，但他还是离开雅典，后来又继续漂泊了几十年。而柏拉图在《理想国》中禁止愚蠢寡智且未满四十岁或五十岁的人前往外国旅行。她认为，所有这一切都说明，在人生的秋天而非春天踏上异国之行更为有益。在十五岁或二十岁的年华，我们在其中出生并接受最初爱抚的那个国家对我们有新奇的吸引力，我们享受它就像享受芬芳四溢的花朵，因为它是不断惊喜和欢乐的源头。接着，随着时间、风俗和日常习惯的推移，我们身边的小小世界渐渐不再束缚我们，无法激发某种形式的诱惑。此时此刻，不妨远行漫游，朝着新的远景进发，改变环境以便摆脱习以为常的昏沉，并保持好奇心和兴趣警醒不懈。杜·博卡日夫人评论道，尽管无论在哪里，人类基本上都是一个模样，但他们的激情表征和习俗因国家不同而各有差异，多姿多彩的景观会在我们身上重新唤醒那种在青年时期感觉到的对外部世界的好奇心和吸引力。

通过这些文字，这位女旅行者影射了伏尔泰的《风俗论》（1756年）一书，尽管并未明文援引。对于伏尔泰来说，那些同大自然密切联系的东西，从宇宙的这一头到那一头都是相似的；那些可能取决于习俗的东西则因地而异，即使彼此相似，也只是出于纯粹的偶然。因此，这位女旅行者在总结时指出这一悖论，如果谁有胆量环游全球，就知道该如何让那些被时间和日复一日的固有视野不可避免地弄得迟钝的感觉重新活跃起来，并使之持续不断地高涨。

杜·博卡日夫人是最早完成壮游仪式的欧洲女性之一，尽管是以断断续续的方式。这样，她就打破了把妇女约束在家庭院墙之内，打发她们履行家务、照顾子女的习俗。这位女作家写给她的姐妹、某位鲁昂议会成员的遗孀杜·佩隆（Du Perron）夫人的信构成了意大利之旅的全貌。信中显示，这位女作家在从都灵前往威尼斯、

伏尔泰《风俗论》法文版封面

威尼斯的贡多拉

博洛尼亚、佛罗伦萨、罗马、那不勒斯，并取道安科纳、里米尼、帕尔马和热那亚返回的途中，更偏爱讲解风俗而非城市的地形学分析，擅长描述半岛的艺术作品，但她并不因此就忽略了锡耶纳、费拉拉、蒙特卡西诺（Montecassino）、科洛尔诺公爵宫（reggia di Colorno）等小城市和小地方。正如在第一封信中承认的那样，她意识到每一种视角都有其相对性，但不会因为这个缘故就放弃追求一种独特的视野。

她对自由思想者在文学和艺术中奠定的氛围十分敏感，对于像她这样的当时法国沙龙文化的成员来说，没有比侍从骑士或贴身男伴（cicisbeo）[1] 更吸引人的意大利人物形象了。他们是曾经的豪侠勇士的最后化身，捍卫意大利已婚妇女所享有的美名和自由。在威尼斯的逗留让她有机会讲述这件事情。这座城市最出名的地方是其自由的风俗，对来自欧洲各地的外国人来说是声名远扬的情欲欢场。她在那里不无恶意地挑明的头一件事情便是女子们具有难以比拟的白皙如雪的肤色，这是她们白天不离家门、晚上才外出的标志。贡多拉船的颜色全都一个样，这样就确保夫人及其男伴得以隐匿名姓。到了晚上，他们就前往属于夫人所有的离家较远的偏屋。钥匙在骑士的口袋里，他点亮灯笼，示意此宅有人。他们进去谈天说地，随后离开，任何人对此都没什么可以取笑的。这位女旅行者称她曾造访过许多这种狭小、舒适的寻欢作乐之宅，并不无嫉妒地承认，法国妇女所享有的那种备受赞誉的自由无法和威尼斯妇女的自由相提并论。如果一位已婚贵妇在看戏时开始打瞌睡，那么随着半夜钟声的敲响，她就会向骑士提议一种对于习惯在小巷和河道间走动的

---

1 cicisbeo 一词指的是 18 世纪贵妇身边的男性侍从，他们有义务陪伴她并为她效力。这类人和侍从骑士的不同之处在于他们更谄媚、更浮夸。

人来说十分放荡的娱乐：跑到陆地上的一家驿站旅店，换言之就是风流邂逅的地方。她急急忙忙地登上贡多拉，划上四分之三里格直至触及陆地。她乘上一架轻快的双轮马车到达旅店，在那里人们可以安心地自行其便。随后到了早晨便啜饮咖啡，当二人回到家时，已经过去了一整天。侍从骑士的命运好奇怪啊，杜·博卡日夫人心中思忖，他们殷勤地守护贵妇的名节，被迫在无所事事和累人的舒适中消磨终生，直至憔悴地掉进老年的粗鲁怀抱中。

在威尼斯，就连修女都享受着不寻常的自由，那些最美丽的修女在会客室中自由自在地接受地方显贵和外国名流的恭维。谈话在晚上隔着栅栏进行，修女穿着华服、珠光宝气地出现在栅栏后面。

地地道道城市出身的杜·博卡日夫人像每一位其他男性旅行者一样，被圣马可广场上洋溢的狂欢气氛深深吸引，尤其是在节庆的日子里。没有一座意大利广场能提供比这更引人入胜的表演：一边是嘈杂喧闹的木偶戏剧场；杂技演员在半空中翻腾，表演优雅的单足旋转动作；在广场的一角，有些人在变戏法；在对面另一边角落的地球仪和星盘之间，预测命运的算命先生拿着一根长长的管子凑近在场者的耳朵，而后者被判决词弄得困惑不已。闲聊者当中有些人特别显眼，他们为了贩售某种神奇的药膏而大讲特讲薄伽丘式淫秽故事，这些故事的主人公通常是好色的僧侣、无耻的妻子和愚蠢的丈夫。

杜·博卡日夫人于六年前在伦敦结识了霍拉斯·沃波尔和切斯特菲尔德爵士（Lord Chesterfield）等长期喜爱意大利的人士，她的旅程，除了对外宣称的游学和消遣之外，还有一个秘藏心中、不为人知的目的。实际上，她想要在罗马获得把《哥伦布纪》（Colombiade）献给教皇的许可。这是一首关于克里斯托弗·哥伦布和发现新大陆的宏伟长诗。有谁能比亚历山大六世的继承人更好地赏识这部作品的价值呢？这位教皇曾划出一条开天辟地的子午线，从而夺取了将刚刚发现的大陆的所有权分配给近代各国的大权。女诗人不但获得了她极度渴望的许可，而且，正如皮埃尔-让·格罗斯雷（Pierre-Jean Grosley）这位眼光机敏睿智的男旅行者所叙述的那样，她泼辣的魅力除了令她素来的男伴、身穿紫袍的枢机主教帕西奥内（Passionei）沉迷外，还吸引了教皇本笃十四世本人，他慈祥地同意了她的请求，还附赠六枚金奖章、六枚银奖章和一顶血色碧玉冠。就跟在其他城市一样，被贝提内利（Bettinelli）修道院长称为"辉煌贵妇人"（splendente matrona）的杜·博卡日夫人在罗马收到了一大堆赠品、桂冠和学院证书。

当她抵达都灵时，法国领事向她表示欢迎，往她的马车抛掷了一篇伏尔泰向她致敬而创作的十四行诗。她被阿尔加罗蒂伯爵（conte Algarotti）、加斯帕雷·格兹（Gaspare Gozzi）、彼埃特罗·维里（Pietro Verri）和朱泽培·帕里尼（Giuseppe Parini）等仰慕者团团围住，他们盛赞她的美貌和英勇。她回报这些向她致意的慷慨城市和数不清的学院的方式是到处分发奖章和十四行诗，尤其是赠予它们一幅罗马的肖像画，这幅画一如既往地只露出一部分，然而它不乏独到之处。

就像后来的歌德一样，她攀上圣彼得大教堂的圆顶，一直爬到金球位置，以便饱览乡村、丘陵和城市的壮丽美景。从那一高度看去，她觉得这座城市居住着一群在废墟间挖掘的地精人群。正如有朝一日将发生在司汤达身上的那样，她在抵达人民广场（piazza del Popolo）[1]后便立刻凭直觉感知到围绕三条道路分布的城市格局。这三条路是如此迷人，以至于她想要同时踏足。随后是特韦雷河

---

1　罗马城北的一座著名广场，为古代罗马城墙北门所在地。

（Tevere）[1]，尽管河上有雄伟的桥梁，还有港口和舟船，但她觉得这条河不如想象中那样壮阔。女诗人谴责这座城市大量利用古代废墟建造新建筑的丑恶地方习俗，除此之外她还抨击整个欧洲的贪婪欲望，在经过几个世纪的挖掘和盗窃后，欧洲继续用罗马雕塑、柱楣、柱身和柱头装饰自己的住宅。为了丰富王室奖章收藏室，其保管人巴塞勒米（Barthélemy）修道院长刚刚从他的罗马之行中将三百枚奖章带到巴黎。但这位女旅行者却精心守护这些从地表下挖出来的珍宝，"它们就像秘鲁的宝藏"，为此最好一点点地、精打细算地挖掘，因为重见天日并被投放市场的出土物品数量越多，就越会贬值。幸运的是，她随即语带讥讽地继续说，最近颁布了一道法规，允许出口圣徒骸骨——头骨、下颌骨、胫骨、肩胛骨、指骨——但却禁止交易异教的雕塑和大师们的宗教或世俗绘画。

对这位女旅行者来说，目睹山丘上的大量豪华别墅成为思考罗马贵族阶层的性情、怠惰和习惯的契机，她作出的一些观察，直至一个世纪后仍保持其价值。那时的罗马行将成为意大利首都，将会经历剧烈和激进的改变。这些本身造型美观、充满古代文物的别墅在很大程度上被弃而不顾。一些一度十分宏伟的别墅沦为废墟，例如仍保存着古瓮、雕塑和方尖碑的马泰伊别墅（Villa Mattei）；由西克斯图斯五世（Sisto V）兴建，以其花园的优美和宽大而闻名的蒙塔尔托别墅（Villa Montalto），则被完全改造成菜园和耕地。没有哪位枢机主教不曾渴望建造一座堆满古代珍品的别墅，但在其死后，这栋别墅就被儿子和侄子们继承，他们对他们认为过时的建筑物和其中的藏品没有任何兴趣，于是将其废弃。到了第三代或第四代人，别墅已破败不堪，而曾经拥有恢宏雅致的花园，外加雕塑、

---

1　特韦雷河即台伯河。此处照意大利语名称音译。

圆柱、方尖碑、戏院、喷泉和黄杨木环形大厅的场所，则沦为荆棘林、荒地和预示疟疾的沼泽。事实上，罗马贵族阶层对自己的财产漠不关心，他们把照料土地和别墅的任务托付给一大群乡下的农场管家，这些人在很短时间内就将交给他们打理的土地据为己有。农场管家发财致富后，反过来一门心思盼望享受聚敛起来的财产，而且他们重蹈覆辙，自己也求助于手脚勤快又饥肠辘辘的代理人，后者毫不迟疑地从这种局面中牟利，分割、挥霍，任由宝贵的艺术和历史遗产衰落。女旅行者详细描述完整幸存下来的各处别墅，从号称"美妙气息"（Bel Respiro）的"葡萄园"潘菲利，到宏伟的卢多维西（Ludovisi）别墅、阿尔巴尼（Albani）别墅、马达玛（Madama）别墅。她专门描述了博尔盖塞别墅，因为它的四个正立面上镶嵌了数以千计的古代浅浮雕，足以与精美的雕花鼻烟壶相提并论。

　　杜·博卡日夫人在有些场合中的举手投足如同一位普通女访客，比如她参加罗马狂欢节，以及后来参加圣周（Settimana Santa）[1]的时候。她在人民广场观摩了著名的柏柏尔赛马会（corsa dei berberi），并描述那些情绪高涨的赛马，说它们用蹄子猛踏多沙的土壤，马夫站在被当作栅栏使用的缆绳跟前费劲地约束它们。随着约定俗成的信号一响，一发科鲁布里纳（colubrina）火炮击断绳子，骑手们就像箭一样飞奔起来，几乎一下子就看不见他们的踪影了；紧接着便又是另一声炮响，如同第一声的回声一般宣布他们急促的抵达。这位女旅行者凭借非凡的、现代的直觉断言，意大利之旅具有显著的经济特征，恰恰因为这个缘故才在罗马为外国人举办日常表演，这些外国人尽管被城市的美景所吸引，但如果在那里找不到什么特别为人称道的娱乐的话，就会在短时间内离去。她总结说，

---

1　即复活节前的一周。

完全可以预期，成群结队去这些地方的英国人带多少钱就会花掉多少钱。

然而在其他场合，这位女旅行者克制不住她自己轻蔑的嘲讽，例如，她前往曾坐落着梅切纳特（Mecenate）[1] 花园的圣安东尼奥修道院长的教堂，以便出席以其主保圣人的名义为动物祝福的仪式。在一位穿着神圣祭服的祭司用圣水浇洒这些动物并收取奉献后，主人们深信被祝福过的动物不会再遭受任何灾害，于是便打道回府；而这些人不是别的什么人，女旅行者言简意赅地评论道，正是"驱赶着其他禽兽的禽兽"。她用富有时代特色的字眼补充说，"受过启蒙的人"为了不和迷信的人作对，不得不容忍这种信仰。

在一些场景中，直率的观察同刻板印象混杂在一起，比如她描述罗马乡下妇女"漂亮、强健、体态坚定"，她们留着黑发，头顶一只双耳大花瓶，用一只手扶着；又如当她把目光投向从教堂里出来的女农民的时候，说她们光着腿和脚，光着脑袋，但是却用一张发网束起头发，戴着耳环和珊瑚项链。就在自洛雷托圣殿下坡的雷卡纳蒂港（Porto Recanati），这位女旅行者似乎从部分地区获得了一种完全独立于陈词滥调的视角。她不再盯着小姑娘或农民，把他们当成世外桃源的仙女和牧羊人，就像她在托斯卡纳时那样。

在目睹了贵重和古老的大理石，并被圣家圣殿（Santa Casa）[2] 的珍宝弄得眼花缭乱之后，女旅行者在亚得里亚海边发现了用芦苇搭成的类似原始人棚屋的贫穷陋室，她为此感到震惊，即使这些房屋排成行列，组成小巷和街道。受好奇心的驱使，她走进其中一间

---

1　盖约·梅切纳特（Gaio Mecenate，前68—前8）是罗马皇帝奥古斯都的臣僚，也是著名的文艺赞助人。这里据意大利语拼写音译，英语作盖乌斯·梅塞纳斯。
2　洛雷托是意大利东部海滨的一座城市，此地的圣家大教堂是天主教著名朝圣地。

茅舍，开始和一位母亲交谈。这户人家的食物储备就是一小块面包和一点洋葱。在一块粗麻布上有若干只蚕，它们保证这位妇人得以糊口，是她唯一关心的东西。妇人请求来客往蚕身上扔一点桑叶，她相信被外国人亲手饲养过的蚕能长得健健康康，不会染病。她的朴实天真、体面的贫穷生活以及干净触动了这位外国女人的心灵，她送给妇人的礼物顶得上半间茅舍的价值。当跨过门槛的时候女旅行者心想，这位天使肯定是由洛雷托童贞圣母派遣出现在她跟前的。

在游历半岛的途中，女旅行者并未对一路上的日常艰辛——烦恼、疲劳、旅途的不适避而不谈，而是常常借助自相矛盾的文风，始终用亲切的、几乎是私密的口吻谈论它们。当她快要抵达维苏威山顶时突遇严寒，于是评论道："尽管他们提醒过我要穿上厚衣服，但我带着的小衣对于这样的海拔高度来说过于轻薄，要是没有我的仆人的外套，我就会在正午时分的太阳底下，在一座火山上冻僵了！"在罗马度过了上登钟楼、下探地下墓穴的一天后，她写道，她为自己的"空中与地下漫游"感到如此疲惫，以至于把撰写当天报告的任务委托给丈夫。

和形形色色的人的会面也被她从容不迫、亲切坦率地记述下来，比如她曾在威尼斯问过玛丽·沃特利·蒙塔古最喜欢哪种文学，后者回答说自己厌倦了形而上学的体系，对历史著作感到失望，她更偏爱钻研小说；在逗留锡耶纳期间，她和曾担任大公国驻巴黎大使的弗兰基尼（Franchini）[1]修道院院长交谈，回忆共同的旧相识。但二人都苦涩地证实，时间的流逝不可逆转：曾在节庆和宴席间上蹿下跳对女子大献殷勤之人被痛风折磨得动弹不得；纤弱的美人变

---

1　根据博卡日夫人原作，弗兰基尼曾在托斯卡纳大公国担任锡耶纳总督，后来到巴黎担任托斯卡纳大公的大使。因此，此处大公国应指托斯卡纳大公国。

成了威严的贵妇；聪颖的智者彻底退化为老糊涂；有人死于中风，有人生了梅毒疮……他们一同评价道："这就是长久未曾见面者之间的愉快对话。"

安妮-玛丽·杜·博卡日是那种不会让布歇[1]不悦的女子，她在作品的扉页上设计了自己的肖像，外加一行格言："维纳斯胜在其形，密涅瓦胜在其艺。"（Forma Venus, Arte Minerva.）如果说写给她姐妹的信件（尽管装点了些许诗歌）证明了她细腻的才智，那么在巴黎的沙龙或旅途中结识的许多人士当中，也不乏见证她美貌之人。这位女作家深知美丽是怎么回事，美丽本身会唤来爱情，以及这种情感给女性带来的东西。该主题在书信中多次流露，而且她本人也以其个人观点加以评论。女旅行者叙述道，如果说这种少年时鲁莽冲动、成年时汹涌澎湃、老年时脆弱纤柔的情感能够启迪并引导男子的话，它却常常误导并蒙蔽女子。之所以会发生这样的事情，是因为大多数情况下付出代价的是女子。甜美顺从的少女令男子不知感恩，天真烂漫的女子引来骗子。一旦委身于人，女子所冒的风险极大，而她们的情人却风险极小：总而言之，这场比赛力量悬殊。女旅行者于是指出，意大利的妇女获得了艺术这件工具，以便在专心致志的同时又能保持自由自在。而在法国，有的妇女献身于教会使命，有的妇女青睐床笫之欢。她接着以一种惊人的相对时代而言一针见血的方式补充说，像当时到处发生的那种令妇女远离公共事务和公共活动，不去顺应她们的禀赋爱好的做法，或许能保护她们温顺的女子特征，但是不应该忘记的是，每一种家务活之外的志业都可能使得她们过得比当下更加幸福。

---

1　弗朗索瓦·布歇（François Boucher, 1703—1770），法国宫廷洛可可画家，擅画感性、浮华的女性躯体。

出现在意大利见闻录末尾的这段话让人领悟到，就和每一位获得解放的 18 世纪妇女一样，对杜·博卡日夫人而言，比较旅行中领略到的其他文化是反思自我和自身条件的一种途径，因此构成效果显著的成长形式。就人和事物的广阔全景图而言，她只需再次向伏尔泰致敬即可：“我在回到我的国家后将会说，哪怕再千差万别的地方，人也总是一样的人，只有戴着的面具才会表明人们的差异。”

第二章
"巴斯的阔太太"去旅行

在时髦的沙龙里，他们管她叫"巴斯的阔太太"，灵感来自巴斯的伊斯顿[1]豪宅。它建在距离这座温泉城市咫尺之遥的地方，埃文河（Avon）自那里形成一条瀑布，并分叉为多条溪流，其中一些流经各处花园。然而，和乔叟的贩售呢绒绸缎的女老乡不同，在爱尔兰收税的有钱税吏、科克郡人爱德华·里格斯（Edward Riggs）的孙女、富有的女继承人安娜·里格斯·米勒并未将旅行当成引诱新夫婿的手段，因为她已经有了一位，此人正是约翰·米勒上尉。二人情投意合。此外，她并不假装自己魅力四射，相反，如果我们听信时不时流连沙龙的范妮·伯尼（Fanny Burney）的毒舌评论，她似乎是个相貌平凡的女人，"圆润丰满，胖乎乎的，还有点粗俗"，尽管总是穿着十分优雅。但不管怎样，她是一个好奇心强、文化知识渊博的女性，且具有一种强烈、坚决的性格，恰恰使得她和雅好文学的阔太太之间有了某种相似性。用她的话说，构成三卷本《来自意大利的信》（*Letters from Italy*，1776 年）的书

---

1　伊斯顿（Easton）是位于英国城市巴斯（Bath）附近的村庄名。

信体形式，派生自对母亲的保证：她在离家的时候把孩子们托付给母亲，承诺会逐日将有关意大利"风俗、习惯、古迹、绘画"的内容（正如书的副标题所示）描述给她。这样，即使后者躺在扶手椅上也能经历同样的旅行。

书信形式的旅行叙事理所当然是伪托，或者不妨说是当时许多撰写这类报告的人士所采用的一种策略。在著作的开头几页，这位女旅行者宣称，她想要详尽地关注意大利各城市的方方面面，尤其是未得到应有重视的纪念碑和艺术作品，哪怕它们并未被理查德、科尚（Kochin）、凯斯勒（Keyssler）、拉兰德（Lalande）和其他著名作者的游览指南所忽略。此外，她还指责这些人互相抄袭，重复并传播同样的错误。

在亚平宁山脉心脏地带停留期间，她施展斯特恩大概会喜欢的手段，声称她在常常捧读的拉兰德著作的一张空白页上画下了连绵耸峙的群峰轮廓。因此，1770 年这趟旅行的陈述就享有了第一份由一位女性编纂的意大利导览手册范本的殊荣。

这是一部原汁原味的游览指南，里面充满和当时其他手册的对比，这些相关图书都得到精心记载。例如，她说里多尔菲诺·维努蒂（Ridolfino Venuti）的《罗马古迹》（*Antichità di Roma*）是考察这座城市过程中"一次显得极为有益的斩获"，丰富了她自己的旅行图书馆；又如她在洛雷托的时候说自己设法弄到了一本圣家教堂的导览册，书中记录了这座教堂被天使扛在肩上，从圣地奇迹般地搬运至亚德里亚海海滨的故事[1]。但她随即怀着骄傲的姿态反驳

---

1　圣地即拿撒勒。根据中世纪传说，天使曾运用法力，将马利亚（？）旧居的一堵墙搬运至洛雷托，于是在此地兴建了圣家教堂（Santa Casa）。这堵墙至今仍保留在该教堂大殿中。

她刚刚还赞同的前人的话，补充说像她这样为了旅行的乐趣而旅行的人，是无法和那些只怀着服务他人的说教目的才写书的人士竞争的，即使他们不是为了牟利。事实是，当她评价自己所援引的导览册编纂者时，言辞常常具有鲜明的口水仗特征。比如，她曾在萨沃亚（Savoia）的一处肮脏客栈停歇，质问凯斯勒在胡编乱造、对这家店大吹法螺时神志是否清醒。

安娜·米勒走的是最传统的半岛路线。她从蒙切尼西奥（Mencenisio）山口出发，翻山越岭的一路上，在传统的柳条担架里摇晃个不停，"就像骑着一根扫把的巫婆"。随即取道都灵、热那亚、博洛尼亚、佛罗伦萨、锡耶纳、罗马，抵达那不勒斯，再从罗马返回，绕行洛雷托、威尼斯、维琴察、维罗纳、米兰，并再度回到面朝阿尔卑斯山的都灵。

就自然美景、古代和近代建筑纪念碑、宫殿、别墅、花园，尤其是公共和私人的绘画和雕塑收藏方面而言，她的书信无论从什么角度看都构成了巨细靡遗的综述。即便她那个时代不够准确的记载几乎完全不符合当今的标准，但是，以她访问之时的博洛尼亚或罗马宫殿为例，今天的人们若想要对画廊有个具体的概念，就会觉得这位女旅行者从"爱好者"和收藏家的独家调研中获取的清册十分有用，哪怕并不详尽。此外，她没有忽视那些令人感伤、被灰尘包围的空洞，它们是在破产意大利贵族不加区分地出售著名画家的画作后，在其祖宅的墙上留下的。

她总结了博洛尼亚的赞贝卡里宫（Palazzo Zambeccari）的绘画目录，提醒人们当科尚访问此处时，那里还保留着其他一些不一样的大师杰作，但许多画从那时起就被转让给了英国商人。人们有理由相信，它们最终落到了英国国王的御藏中。她本人暗示，她的报告将会对那些为了购买艺术品而求助于意大利中间商的永不满足的爵爷们十分有用。她随后还透露，为了不相形见绌，她丈夫也在帕尔马买了一幅珍贵的绘画。在罗马，她最终驻足于繁荣的艺术品和贵重纪念品市场，在最优秀的肖像画家的画室、宝石和贝壳雕刻师的作坊，以及蚀刻画工匠的工作室里给本国人做向导。然而，这位女旅行者在她的艺术品报告中省略了那些从她的清教徒内心看来可能会扰乱感官的绘画和雕塑。在都灵，她并未斥责"正派的老国王"将圭多·雷尼（Guido Reni）画的维纳斯像从胸部的位置拦腰斩断，并烧毁"人物的剩余部分。作为由一位了不起的大师创作的作品，它肯定相当值得称赞，尽管我们只能加以想象"。

除了艺术收藏，她也本着引路人的精神、遵循引路人的职能对待旅行中另两样重要组成部分：道路网的草图，它允许今日的我们以可靠的方式重构当时的交通路线；以及包含换乘驿站在内的旅店名单，这使得源源不断且相对安全地乘坐马车变得可能。道路和旅店这两者都激起这位女旅行者的叙述冲动以及画草图的兴趣，她这么做也是为了突出旅行的冒险性质。

至于道路，只需要想想通过波尔切韦拉（Polcevera）河床的险峻山谷抵达热那亚的旅程就足够了。这段路十分难走，因为没有提前安排好的摆渡，再加上反复无常的河流会不断改变流向，涨潮时旅客们会被迫等候三四个小时，直至河水退去。此外，整个河床都布满浮石和卵石，它们常常硌坏马车的轮子。安娜·米勒观察发现，在波尔切韦拉河谷有一些桥梁，它们的断壁残垣横亘在半空。人们在河道上造桥试图令旅途更加方便，但肆虐难测的洪水泛滥令这项事业变得徒劳。在别的地方乘坐驳船不乏风险，当河中汇聚大量水流的时候，驳船上载着乘客的马车以及驮着驿站驭手的马匹就会被架到高处。这位女旅行者常常描述无人问津的旅途，比如在博洛尼亚和费拉拉的路上，她为了观赏位于琴托（Cento）的圭尔奇诺（Quercino）的画而走偏了几英里，途中的道路如此泥泞不堪，以至于车辆被迫十分缓慢地行驶。

　　说到恶名远扬的旅店，位于拉迪科法尼（Radicofani）的那家驿馆脱颖而出。在这栋宏伟的大公国建筑物中，客人被安置在配有巨大壁炉的单间客房，壁炉里冒出的一股股烟雾和一阵阵冷风充斥整个房间，而填满麻绳的床垫配得上普罗库斯特的床 [1]。至于床单，安娜·米勒别无他法，只能用壁炉的火钳夹着它，仿佛从火堆里抓起一块烧着的木头，并将其存放到远离床铺的角落里。就着蜡烛的火光远远看去，她觉得堆起来的衣物像是一张不折不扣的世界地图，上面有认不出的海洋、湖泊、陆地、岛屿和国家，最好还是避而远之，别去细究。为她准备的晚餐并没有让人更安心。那是一只黑得像块炭的飞禽，它那薄膜一般的小翅膀和利爪会让哪怕最专业的鸟类学家都陷入窘境。听店主说这是一只上好的肉用母鸡（poularde），但对女旅行者来说它很可能是一头谁知道从哪里来的狮身鹰头兽。另外，她还多次询问放在盘子里端到她跟前的肝和脑都属于什么动物。就和别的场合一样，这一次女旅行者也暗示了乔纳森·斯威夫特《格列佛游记》的第四卷，她承认自己宁可去马厩在马儿的陪伴下慢慢吃一块面包，也不要和一些素昧平生的客人一起坐在桌边。

　　不过，旅店并非总是如此不堪，有时候甚至还保留了让人称心如意的惊喜，比如她在特尔尼（Terni）和斯波莱托（Spoleto）之间的索玛（Somma）峰顶逗留过的那家，那里的女店主奉上了野

---

1　普罗库斯特（Procuste）是希腊神话中的一个强盗店主，他把旅店住客绑到特制的铁床上，将身材超出床沿的部分截去，将不足的部分强行拉长。这里比喻客房条件的恶劣。

猪火腿肉和放在松脆面包上的一小块香喷喷的菌菇。

安娜·米勒的灵感时时刻刻都会迸发，甚至会停留在最不寻常的偶然事情上，比如当她比较艺术品的时候："为了避免错误和遗漏，我会当场做笔记。我向你保证，这绝对不是什么轻松的活儿。我常常把笔记本靠在雕塑的底座上，站着在上面写字。"在造访皮蒂宫（Palazzo Pitti）期间，在仔细考察了有着彼埃特罗·达·科尔托纳（Pietro da Cortona）和奇罗·费里（Ciro Ferri）所绘壁画的二楼套间天花板后，她写道，自己由于仰头观看弄得脖子僵直，听着与之相关的解说感到无聊得要死。

身体的病痛时不时强迫她停下来，并主张自身的权利。她在热那亚因为嗓子疼和风湿病痛卧床了好几天，而丈夫的一只眼睛严重出血；在威尼斯，她参加了与大海结婚（Sposalizio del mare）的典礼，尽管腹部痛得很厉害；被罗马的春日晃得睁不开眼的她打算访问牛市广场（Campo Vaccino），遂戴了顶装点着红黄两色的大纸板帽，就这样一头扎进废墟，好似一艘加列恩大帆船（gelone）顶着一张飘扬的船帆。

还发生了一些具有惊人现实主义的意外事件，比如在 1770 年 12 月 28 日，女旅行者在佛罗伦萨瓦尼尼（Vanini）的舒适旅店中体验到地震。她说她那一晚没有入眠，听到一片低沉的嘈杂声，最初似乎来自远处，但像波浪一样猝然临近，紧接着就是一阵似乎是从房屋地基那里升上来的晃动：

> 我没法拿其他东西和它比较，除非是一匹拼命摇晃背上的骑士的马。区别在于，当涉及房屋而不是马的摇晃时，所有活动的物体都开始从房间的一头滑动到另一头，器具掉在地上摔碎了。床被抬了起来，突然又倒了下来。

这位女作家深知，旅行叙事除了有记录性质之外，也必定充满难以预测的发现和始料未及的意外，正是这些事件促使旅行者担负起名副其实的主演角色，并将他们和普通的徒步旅行者或者那些出于职业目的而奔波的人区分开来。她在埃尔科拉诺（Ercolano）经历了一次不寻常的历险。当时她幸运地旁观了正在令一座罗马房屋重见天日的挖掘工作。工人们刚刚挖出一堵墙，他们做了个表示礼貌的手势，赋予这位外国女士最先向唯一的窗户张望的殊荣。这扇窗子充其量就是一道缝隙，朝向那座封锁时间的阴暗洞穴。她像一只母鸡似的伸长脖子，一不小心失去了平衡，头朝下跌倒在房间里，在一团漆黑中手脚挥舞挣扎了片刻，但随即带着些许害怕地摆脱了困境。她没有碰伤，因为地板上覆盖着一层灰土。她抖掉身上的灰尘，带着英国人的冷静，祝贺自己第一个进入一处许多个世纪以来始终被封印的场所。

沉浸于过去的诱惑在库迈的西比尔（Sibilla Cumana）洞穴中表露无遗。她和一位当值向导在一支火把的光亮下一同进入那里。探索的过程很短暂，因为隧道被土堆和瓦砾堵塞，他们被迫匍匐前进。在从开阔地带出来的一刻，失望的女旅行者觉得最好还是将一小把掺杂了马赛克碎片的尘土揣在兜里。

回到旅店后经过更仔细的观察，从带回来的这一小堆尘土里突然发现了一块小小的碧玉，上面雕刻着天蝎座的图案，蝎子的钳子间紧紧抓住一轮新月，它的尾巴附近还有一颗星星。女旅行者着迷地观察着这件令人惊喜的纪念品，尽管蝎子没有雕在宝石上，这未免让她有些扫兴。

然而，在造访罗马的圣塞巴斯蒂亚诺（San Sebastiano）地下墓穴期间，她却表现得相当不冷静。当时，为解读一则铭文而耽搁后，她发现丈夫和向导不见了，她被孤零零地留在那座气味难闻的、令人窒息的迷宫里，手上的蜡烛火苗发出最后的炽热亮光。于是她立刻喊叫起来，指望有人能赶来援救。但在不通风的地穴里，她的声音和湿气混在一起，嘶哑得根本听不见。她陷入迷失在这数以千计的狭窄通道的焦虑和害怕中，硬着头皮往前走了几步，但有人从后面扯住她的裙子。或许是不想让她离去的死人？有一瞬间她胡思乱想，以为是丈夫在被向导不讲道义地从背后刺中后，也来到了这阴影的世界。一番拼命拉扯后裙子终于获得自由，原来是被墙上的尖刺钩住了。她几乎摸索着前行了一阵，转了几个圈，终于看到丈夫正安静地端详着一座浅浮雕，身边是提着火把为他照明的向导。

一点也不奇怪的是，安·拉德克里夫（Ann Radcliffe）从安娜·米勒的游记以及当时其他女旅行者的记录中获取了灵感，从而创作了她的以意大利为背景的小说中最阴暗的场景。

在其他场合中，安娜·米勒不乏幽默感。在慈悲堂（Pietà，威尼斯的一座修道院，因其由弃儿们演奏的第一流音乐而闻名），人们允许她跨过栅栏，观看女演奏者的表演。但让她吃惊的是，她发现乐队是由上了年纪的丑妇人组成的：一人像鼓风机一样吹着法国号，另一人汗流浃背、气喘吁吁地拉着低音大提琴（viola da gamba），还有一人胡乱演奏着小提琴，怒气冲冲地踩着脚打拍子。其他人手忙脚乱地摆弄巴松管、双簧管和单簧管，脖子和身体都晃个不停。房间尽头、楼板上方的高处则是组成合唱团的年轻女孩子们。

从某些方面看，她觉得整座城市变成了一个颠倒的世界，贵族们向外国人出租祖传的宫殿，以便退隐到最卑微的住宅中。在描述这座城市的风尚时，女旅行者一度采取了知而不言、道德至上的态度，和没几年前访问威尼斯的海丝特·皮奥齐的宽容开明，或杜·博卡日随心所欲的愉快都截然不同。一开始她采用自我审查的形式，说她会有所保留地不去明言城市中发生的"某些事情"，随后她强调共和国的压制举措，并援引最近的立法，该法禁止咖啡馆向夫妻出租可以被自由阻隔开来的小房间。她说，根据这些法律规定，圣马可广场及其周边严格禁止"欢场女郎"（filles de joie）进入。如果她们不顾禁令，就有被剃掉头发和眉毛的风险，如果是累犯，甚至会遭到火烙之刑。人们从这些话语中会发现不宽容、专制和残酷的意大利形象的长期存在，这位女旅行者已多次重复过这些具有伊丽莎白时代特征的陈词滥调。

同样的评价也发生在热那亚，她发现这座城市充斥着戴枷锁的囚犯、警察，以及做得出在光天化日之下"捅别人几刀"这种事情的形迹可疑之人；或是在帕尔马，她在那里刚刚得知绞刑仍在当地盛行。

老生常谈和先入之见顽固至极，哪怕安娜·米勒在最初几封信中已经承认，造访一个陌生的国度本应当让旅行者从陋见中获得解脱。作为对意大利的致敬和回忆，这位女旅行者在巴斯别墅的门厅里摆放了一只购自弗拉斯卡蒂（Frascati）的罗马古瓮，来宾们常常会往里面存放献给大宅女主人的格言和抒情短诗。

《大键琴课》（1660），扬·斯特恩绘

# 第三章
# 载着歌手和大键琴的马车

"明天我将在天底下最出色的男士的陪同下，出发前往世界上最美丽的国度。"在这条摘自 1784 年 9 月 3 日海丝特·瑟瑞尔（她刚刚成为皮奥齐夫人）私人日志的按语中，凝聚了一位大胆泼辣的英国妇女的历史。此人通过旅行和过去一刀两断，以便重新规划自己的未来。与日志中不容置疑的自信口吻可能会让人产生的误解相反，她并不是妙龄少女，也并非一时心血来潮。海丝特已经四十三岁，她的前夫、啤酒业的富商亨利·瑟瑞尔离世刚刚一年；她有四个女儿，先前还有过八个幼年夭折的子女。她在一封寄自多佛的信中提到过女儿们，尤其是长女的愤恨；另外还暗示，许多好朋友很高兴看到她离开伦敦，在那里她的存在只会让人尴尬。尽管语调平静，但所有这一切都让人明白，这是一次建立在兴奋和热情浪潮之上的出发，但就其本身来说充满创伤，不管在家庭内部还是在伦敦的上流社会都不乏令人不快的后果。

运载这对夫妻和随行侍女的马车已经快要登上前往加莱的渡轮。这是一辆结实的旅行马车，来自著名的伦敦修车和租车商哈切特（Hatchet）。它配备亮堂堂的黄铜灯笼，双层弹簧、敞亮和印有纹章的车门，带阀门的夹袋和暗格储物间，尤其是那被特意设计过的松软座椅，可以在它的底部装下一台便携式大键琴，海丝特的新婚夫君、意大利歌唱家和音乐家加布里埃列·皮奥齐常常在旅途中用它演奏供消遣的咏叹调。对这对夫妇来说，这趟行程（贯穿欧陆各国的经典壮游，但将长期逗留于意大利）一度是蜜月以及自愿摆脱英国的放逐之旅。海丝特的远走高飞是为了逃离英国首都以及她的婚礼所引起的丑闻喧嚣，这是场不折不扣的逃亡。她和有几个女儿的音乐大师之间举行的这场婚礼既突如其来，又出人意料。对于当时的社会来说，很难理解一位富有且地位很高的寡妇在年事已高之际竟能成为一个意大利人的妻子，何况他还是个教皇党人，靠给人上音乐课谋生。小报声称此人掌握用美声令女士们变得优柔寡断的才能。此外，海丝特还是伦敦的公共人物，英国艺术界和文学界的成员常常造访她的沙龙，其中有作家奥利佛·戈德史密斯（Oliver Goldsmith）、画家乔舒亚·雷诺兹（Joshua Reynolds）、音乐学家查尔斯·伯尼、演员大卫·盖里克（David Garrick）、哲学家埃德蒙·柏克（Edmund Burke），更不用说萨缪尔·约翰逊和身兼管家（factotum）和意大利语教师的朱泽培·巴雷蒂（Giuseppe Baretti）了，这二人是亨利·瑟瑞尔位于首都郊区的斯特里特姆大宅（Streatham House）的固定来宾。

新娘的好友、第一流沙龙的常客伊丽莎白·蒙塔古（Elizabeth Montagu）的话十分生动地概括了上流社会和文化圈对于新近守寡的海丝特·瑟瑞尔与人结成连理这一轰动性消息的反应。她说，海丝特是人们所能想象到的最慈爱的母亲、最贤惠的妻子、最出色的朋友，也是社会上最受喜爱的人物。她在丈夫患病以及去世之后能够致力于经营管理家族生意。但如今，蒙塔古辛辣地总结，她的这一决定却具有突如其来、出人意料的失心疯特征。海丝特徒劳地为她的选择辩解，提醒人们她和已故的亨利·瑟瑞尔缔结的只是基于利益关系的婚姻，"缺乏最起码的情深意浓的表现，不管是来自一方还是来自另一方"。流言蜚语在报纸上风传，坊间预测，在用歌喉取悦了孀妇后——"吾爱啊，让你那美丽的睫毛晴朗起来吧！"——善于咏唱的皮奥齐会毫不迟疑地挥霍她的财产，而一旦激情让位给了理智，她就会洒下苦涩的泪水。

　　海丝特从一开始就想把旅行报告写下来并付梓，为此她在一路上收集各种观察，并转录于私人日志上——这些日志在她身后以《瑟瑞尔夫人行传》（*Thraliana*）为题发行。旅行报告还有一个隐秘的目的，就是捍卫她自己的婚姻、她的丈夫以及后者的故乡。法国、低地国家、奥地利和德国对她来说不过是借道经行之地，尽管她并没有不屑于在那里多做停留，以便和杰出人物晤谈，尤其是在巴黎。比如她在一次私人接待期间和卡洛·哥尔多尼见面，又如和财政官德·加尼先生（Monsieur de Gagni）会谈，后者的豪华宅邸是用碧玉桌、中国陶瓷、威尼斯水晶玻璃器皿以及佛拉芒绘画装潢的。在法国首都，她还另行拜会了杜·博卡日夫人，地点是一座年久失修、已经变成回忆殿堂的府邸：实际上，在年老的女诗人兼女旅行家坐着的扶手椅上面，悬挂着一张尺寸可观、年代久远的蜘蛛网，桌上引人注目地放了一只碰坏长嘴的茶壶，而地板上则摆着一只颜色难以名状的白蜡痰盂。

　　翻过阿尔卑斯山后，夫妇二人在米兰第一次长期停留。加布里埃列·皮奥齐尤其喜爱米兰，视之为他的天选之城。女旅行者不断强调她在此城和其他意大利城市所体验到的欢乐，以及和居民们接触、观察他们的日常举止的愉快，这本身是一种让英国的摇唇鼓舌之辈闭嘴的方式，这些人仿佛已经隐约看到她与世隔绝地生活在某家修道院中，一副暗黑小说里头发蓬乱、面色苍白的女主人公的样

《萨缪尔·约翰逊像》（1757），乔舒亚·雷诺兹绘，现藏英国伦敦国家肖像馆

子。被严重冒犯、深感沮丧的萨缪尔·约翰逊将他钟爱的女弟子逃往意大利的举动归咎为想象引发的错觉。海丝特答复他说，尽管炎夏灼人、恶臭难耐、蚊蝎遍地，但意大利是一个美妙的国度。此外，和一位意大利人结婚，使得她处于一种相对其他女旅行者而言更有优势的地位，而且为她开启了通常禁止外国人涉足的阶层和地位。

和新郎的热恋状态不但没有减退，相反，在米兰逗留半年后，当他们重新开始纵贯半岛之旅时，海丝特用一种如释重负的笔调（暴露了她的隐秘担忧）写道，能在马车里有一位一心为自己着想的丈夫，她真的觉得无比幸福，她把马车当作自己的家，没有哪个女人会为此嫉妒，没有哪个神父会为此害怕。

对海丝特来说，马车是旅行的工具和象征，使她远离那个暂时与她为敌的本国，又不会因此将她和正在前往的那个国家束缚到一起，而充满随兴所至、草草写就的观察和思考的日记则是其直接的证据。从日志中将会诞生一本货真价实的书，以《法国、意大利和德国旅行过程中的观察和思考》（*Observations and Reflections made in the Course of a Journey through France, Italy and Germany*，1789 年）为题出版，其意图是说明她对自己的行为有充分的意识。正是这点决定了叙述的形式，她特意拒绝采用当时的旅行报告惯常使用的书信体。海丝特指出，她不会将思想倾注于私人书信的形式，因为一部追求真相的著作不能求助于伪装或谎言。因此没有虚构的书信，没有假托的收信人，而是日复一日地伴随旅行展开的连贯记录，她每到一座城市的市中心就会深吸一口气，并沉浸于广阔的描写空间当中。在提到从伦敦收到的新闻时，她语带嘲讽地补充，在她缺席期间，男性朋友和像弗朗西丝·伯尼（Frances Burney）这样的女性朋友宁可拿成百上千的恶意揣测寻开心，也不肯请求她作出解释。由是之故，她认为虚构的书信只会刺激进一步的流言蜚语。

以第一人称展示自我的海丝特·皮奥齐赋予她的报告以一种未经雕琢的特点，至少对一位女性来说是这样的，即使作品最独特的地方在于它暗示了双重收信人，并且密切关注双重参照国度。在出发之际，她在私人日志上表示想要写一写她的旅程，希望将其发表，还明确补充道："让意大利人和英国人都满意可不容易，但我想试一试。"和此前环游过大陆的不少权威人士不同，她能够支配一把得天独厚、不可取代的钥匙，从而开启像意大利这么一个复杂国家的内在隐秘。海丝特在暗示她自己的婚姻经历时说，她的意大利"半归化身份"可以让她同人们建立起长久的接触，以便思考他们的生活和行为方式：高尚义举和无赖劣行，尊贵的精神和卑鄙的举止，恐惧和幻想。此外，和人们朝夕相处、亲密无间是得以认识一个国家，并和那些上气不接下气地从一个城市跑到另一个城市，编制高塔、钟楼、宫殿、艺术品目录的人区分开来的唯一方式，这些人最终就算不伤筋动骨，也要跑断腿才还清最后的账单，并继续固守先入之见和仓促的陈词滥调。她指出，旅行者们常常互相抄袭，因为他们仅限于描述某个国家最知名的部分，避免和各个阶层的本地人交谈，更不用说理解他们了。另一方面，观察其习惯和风俗并不意味着"对着显微镜"或抱着学究的态度去研究他们，更不是不去实地验证就陈述那些小道流传的东西。相反，它的意思是实打实地描述人们做客的那个国度，把它和自己的国家作对比，通过这种做法，就获得了让自身更好地被人理解和界定这一不可忽略的优势。

　　一抵达潟湖之城威尼斯，海丝特·皮奥齐就评论道，和意大利其他许多名城一样，威尼斯具有如此显著、不容混淆、有口皆碑的特征，以至于给它画肖像堪称赏心乐事，而且正因此才令人难以忘怀。于是，她接着比较了远不如意大利那样无可置疑、显而易见地吸引眼球的英国美景，即便后者的吸引力会随着逐渐习惯和时间的流逝而不断增长。突出一个直至最近还不为我们所知的地方的显著特征，可以引导人们通过对比，重新解读并最终更好地评价那些我们当成参照基石的东西。这些思考反映了女旅行者对于各地的深刻认知。

　　甚至食物都可以成为比较的契机，她在这方面承认，即使一家意大利的简陋破屋也会在桌上摆一盘比英国最奢侈的餐桌所能提供的更美味的汤。有时候她在进行对比时会沉浸于模模糊糊的怀旧之情，比如身在曼托瓦（Mantova）时，她嗅了嗅空气说道："这里感受不到一丁点春天的气息，尽管早就入春了，就像在英国一样。"

在有着稠密的英国人聚居地，以及围绕着这一群体而诞生的客栈和商铺的佛罗伦萨城附近，她说她激动地走完了最后的几英里，和女仆一道预先感受到置身同胞之中、能够再度以英国方式吃饭睡觉的喜悦。她一边从圣三一桥（Ponte di Santa Trinità）上观察这座城市，一边承认自己有时会怀念英国夏天漫长的傍晚，那里无穷无尽的黄昏很合适意大利的天空所无法激发的沉思默想。

无论如何，惋惜的口吻有助于她写下对意大利的综合性概括：这是一个截然对立的国家。在那里，不是明晃晃的白昼就是黑漆漆的夜晚；一下雨就大水泛滥；一出太阳就烈日炎炎，好像一面凸透镜似的；人们一有钱，就过起穷奢极欲的生活；一陷入贫困，就得忍受最要命的饥饿；一旦没有了放纵不羁的欢乐，就只剩下痛苦和忏悔。

总的来说，旅行报告呈现了一位自认为世界公民的妇女的形象：开明、求知欲强、宽容、富于普世主义精神，似乎已经完全消除了背井离乡之感。这种生存和行为方式至少有一部分是精心设计的产物，并且相当符合女旅行者赋予这本书的角色，用来证明她清醒、自主的决心以及文化修养。

在面对充满新场合、新交往以及前所未有经历的生活时，这位心甘情愿的流亡者在自己的私人日志上倾吐痛苦和窘迫，尽管和为了出版而编辑过的书中所袒露的内容并不抵触，但却揭示了两种文明之间令人心痛的对比："为什么我不愿回到自由和美德主宰的地方呢？为什么我会对再度亲吻生养我的土地的念头感到不快呢？"女旅行者在某一刻如此发问，并自问自答，承认不再像曾经那样深感对英国的热爱了。实际情况是，明知很有可能再也见不到他们，但她实在不愿意离开"这帮意大利无赖"，尽管他们游手好闲、说谎成性、好管闲事、手脚不干净且小家子气。有鉴于此，私人日志对意大利人道德败坏的反思意味深长，这一主题反复出现，在壮游文学中也有不少恼人的片段加以提及。

首选的、颇有代表性的对象是令人憎恶的"侍从骑士"。因为这一缘故，再加上天主教会默许的纵容，这个民族似乎天生便适应根深蒂固的作恶倾向。在这个问题上，人们在书中读到更谨慎的评价，而常见的对意大利的道德评判并未免除英国应负的责任："我们不会把人送到米兰去学习严谨的道德，哪怕在英国式的虚伪面纱被揭露的地方。我不晓得我们在南方是否会找到更优秀的心灵。"从细节中也能体会到私人日志的行文和公开的旅行报告之间存在的差异。海丝特一边在商船队和英国军舰频频造访的港口利沃诺（Livorno）的阳台上探头张望，一边在书中留下了她最辛辣的名言之一——"英国人认为大海是他们的一件私有财产"，并坦言她觉得自己似乎身处英国，除了不得不改变对人们穿着方式的看法。她在日志上表达了同样的感触，但却总结说，在这座托斯卡纳城市，她感到比离开岛国之前更幸福了。

另一方面，通过频繁的通信，尤其是捧读她曾在自家院墙内接待过的萨缪尔·约翰逊的生平志略（在这位伟人去世后不久即问世），女旅行者仍保持和伦敦社会的联系。

海丝特·皮奥齐强烈地意识到自己身处欧陆旅行著述的深厚传统之中，她常常援引前辈权威，而兴趣往往是驳斥他们，如果不是取笑的话。同英国新闻业之父、一部著名意大利半岛游记的作者艾迪生（Addison）的笔墨晤谈质疑了在她看来酸腐且单调的意大利古典主义解读。和"大环游"其他代表人物的比较有助于她体认自我，并告诫在她之后游历半岛的人们，对意大利的每一种解读都只能是相对的、片面的。她在佛罗伦萨的布鲁内莱斯基圆顶前，用一个相当切题的比喻生动阐述了这一极具现代性的理念：我们可以将意大利比作一位漂亮的模特，正如在绘画学院里摆着造型的那些人。女作家的开场白如是说。学生们动笔画她，但每一幅肖像画都千差万别，取决于不同的因素：光线的裁剪、画面的类型、画家的性格，等等。同样的事情也发生在意大利身上：每个人都通过自身心理状态的透镜，在人生的特定时刻看待它，因此出于偶然因素，觉得它时而尊贵，时而卑贱，时而引人入胜，时而鄙陋不堪，并如此这般将它描绘下来。

对邻人的善意态度以及对自身感触的倾听提供了无拘无束的释放机会，她记录稍纵即逝但富于说服力的真情流露，体察突如其来的感官滞涩，还写下通常会从将要出版的报告中删去的身体情况。有时反映的是女旅行者的劳累和不适症状，比如她讲述自己冒着难以忍受的牙疼折磨参观罗马的巴贝里尼宫（Palazzo Barberini），或由于意外的腹痛，而未能在那不勒斯出席《李尔王》的演出。但这种真情流露也可以是投射进心灵之镜的灵光一闪，比如她曾请求丈夫在比萨附近圣朱利亚诺浴场（Bagni di San Giuliano）一座只出租短短几天的农舍中多逗留一阵，因为她想扮演家庭主妇的角色。她在窗子下收集鸡肉和鸭肉，品尝刚刚从酒桶里榨取出来的新鲜葡萄酒，抚摸把丈夫一直驮到家门口的温顺牛群，和大自然一道纵情享受没有任何文学能够与之媲美的田园生活。

她对城市的描写也独立于时兴的旅行文学程式，往往独具慧眼。这位女旅行者显得熟稔意大利导览册中常见的修饰语，一遍遍地在正文中转述——"丰沃的"（la grassa）博洛尼亚、"壮丽的"（la superba）热那亚等，但她随即将其丢在一旁并别出心裁，通过各地方在艺术中的影像来辨认它们。威尼斯便是其中一例，她觉得此城完全符合最受喜爱的威尼斯画家之一卡纳莱托笔下的形象，其景色有时如此忠于实物，以至于人们在亲身到达前就认识了高塔、宫殿和钟楼。这就仿佛在说，艺术影像为我们创造真实，并使之易于辨认。在别的例子中，需要掌握一种相当于现代"天际线"的综合概括能力，例如她把都灵比作一株呈五角星形状的植物，位于中心的是一座大广场，从那里可以看到以规则方式分叉出去的街道，每一条街的尽头都是一片美景。在辞别帕尔特诺佩（Partenope）[1]之际，她欣喜若狂地写道，人类建成了罗马，但上帝创造了那不勒斯，他慷慨赏赐该城无数的奇观异迹，远胜其他一切地方。

海丝特·皮奥齐了不起的长处在于，她有时候让我们身临其境般进入宫殿内部，为我们展现家庭生活的时刻，并让人闻到它的气味。比方说，她在米兰的沙龙中观察发现，人们习惯用放在桌子下面的巨大炭火盆提高室温，而夫人们把脚倚靠在某种"黄铜盒子"上，上面盖着打过孔的盖子，里面盛放火炭，侍从骑士时不时会来更换新炭。她觉得罗马这座城市酷似伦勃朗的画，带有鲜明的光线裁剪和阴影区域。在那里，当人们进入宫殿时不妨四下留意，因为过道甚至楼梯都能服务过路之人，满足其需要。尽管看上去如天堂般美好，但罗马的贵妇人受不了香水味，甚至会在玫瑰香水的味道中昏倒。在一次招待会期间，海丝特注意到，女士们鼻子上捂着芸香叶逃离会场，那叶片是随扈们端在托盘里递给她们的。她最后发现，引发如此狼狈局面的正是她用来涂抹头发的香粉。若干年后，玛格丽特·布莱辛顿在那不勒斯又重提意大利妇女对香水的排斥，她断言，这种极端厌恶应归咎于和城镇街道的恶臭长期共处的古老习惯。

海丝特·皮奥齐特别关注社交场合和剧院，首推米兰的斯卡拉。这家剧院拥有被她调皮地称为小小"闺阁"（boudoirs）的戏台、

---

1 帕尔特诺佩是那不勒斯的别名。

休息室，尤其是它完美的声音效果，使人们无论从哪里都能捕捉到歌手最微小的声音变化。迷恋艺术品的她青睐圭多·雷尼、卡拉奇，特别是圭尔奇诺，她就像许多其他旅行者那样，追寻后者一直到他出生的琴托。她在此地着迷般地描述了一幅表现救世主复活后出现在马利亚面前的画，并细腻地观察到，基督的神圣庄严就像在古典艺术中那样，是由身体的极致优美和圣母混杂着害怕的激动情绪表现出来的，圣母想在他变得无影无形之前触碰他。"这是我见过的最美的一幅画。"她在离开城市时欣喜若狂地总结。更不消说她在乌菲齐画廊中对提香《乌尔比诺的维纳斯》（ *Venere di Urbino* ）中的色欲和《美第奇的维纳斯》的独特对比了。前者"颜色鲜明，人物慵懒地舒展着，象征最火热的情欲"，后者的形体则具有匀称和难以模仿的和谐。

此外，海丝特·皮奥齐还是对手工艺品以及它们同意大利人风俗习惯的关系感兴趣的少数女旅行者之一。在这个意义上，她对圣诞马槽（presepio），即代表伯利恒的棚屋以及童贞女、圣约瑟、饲料槽中的圣子及众天使的微缩模具的描述十分独到，"就像人们在圣子诞生画上看到的一样"。在意大利人的家中，在一处或多处房间，甚至在屋顶平台上都能看到这些马槽，不论场景还是人物，它们都是由"天生爱好艺术和设计的人士"以完美无缺的方式搭建出来的。海丝特总结说，如果不是因为其主人向她展示了花费他们巨款的马槽的话，她本不会如此长时间地沉浸于这一习俗："但是，这些人宁可倾家荡产，也不愿放弃制作马槽。"

根据旅行文学的传统，海丝特·皮奥齐只字未提她在离去三年后返回英国的旅途。这位流亡者的归家与普通旅行者的回乡大相径庭，因为她身上背负着放逐的阴影。在伦敦等待着她的是和女儿们的重逢、商号的财务账目，以及与社交界（她一度是其宠儿）修复关系这一难题。无论如何，她在这本书的结尾专门引用了一段话，摘自 18 世纪最伟大的旅行者之一。通过这段引述，她含蓄地表露了自己重回伦敦的不适："布莱顿[1]注意到，罗盘的指针在登上埃特纳火山的时候失去了效力，只有被重新磁化后才能再度定位指向：这也发生在许多长期背井离乡的人身上。"

　　海丝特·皮奥齐是一位能够立刻领会生活中盲目的随性给她带来什么后果的女性，尽管是以其他情感为代价的，包括母爱之情。通过旅行，她能够维持她那复杂性格中各种自相矛盾的特征：尤利西斯，或不顾一切地冒险的一面；珀涅罗珀（Penelope），或思乡恋土的另一面。这就进一步证实了弗吉尼亚·伍尔芙的观点，她认为，我们或许能够知道海丝特的全部生活，但绝对无法真正地把握她。此外，旅行叙事只是让这位女旅行者身上的谜团更加诱人罢了，她曾以尖刻的讽刺口气，将筹备刊印的辛劳和同样大费周章的上洗手间之苦相提并论。

---

1　帕特里克·布莱顿（Patrick Brydone，1736—1818），苏格兰旅行作家，以其西西里和马耳他游记闻名。

# 第四章
# 双胞胎妻子

"我考虑了很久，重访那些在 1785 年就去过的地方会对我的精神产生什么样的影响。当时，我们在那里遇到了 C. H. 和可怜的爱德华·康威（Edward Conway）。"上了年纪的英国女士玛丽·贝里在 1823 年如此写道。她认为，对于迫使她专注于自身痛苦的短暂不安来说，沉溺于已经足够遥远、不会再引发任何烦恼回忆的快乐是徒劳无益的。在这位女旅行者历经四十多年编纂而成、包括了四次意大利之旅的日记中，这是人们唯一一发现她提到感伤事件的地方，出现在最后一次旅程期间，尽管十分克制。书写者致力于突出时间麻木人心的力量，然而意味深长的是，她没有点破所在地方的名字，而是仅仅引述了多年前遇到的首字母为 C. H. 的那个人。这段注释是自我审查的小小杰作，与此同时她还提到了天意注定的——人们或许会这么说——肉体痛苦。这个地方是马尔莫雷（Marmore）瀑布，它实际上在半岛旅行中享有很大的名气，是一处必经的、喧嚣的、壮观且富于浪漫感染力的落脚点。1803 年，垂死的保琳娜·德·博蒙（Pauline de Beaumont）当着爱人勒内·德·夏多布里昂（René de Chateaubriand）的面说："该让水流落下来了。"玛丽·贝里在那里似乎再度领悟了这番向命运无条件投降的凄美话语。她和查尔斯·奥哈拉（Charles O'Hara）将军的爱情往事也始于雷鸣般的瀑布前，当时，二人在第一次旅行期间相遇于此处。他既没有受责任感驱使回报玛丽的冲动，也没有这么做的恒心，但后者却倔强地抛下老父亲和妹妹，更是舍弃了自己热爱艺术、旅行的智识自主性，不再出入伦敦和别的地方的时髦高雅沙龙。

玛丽·贝里于 1762 年生于约克夏，比妹妹阿格尼斯早了 14 个月，她在漫长的一生中从未和妹妹分开过。两姐妹既没有贵族头衔，又没有财富，因为她们有钱的地主祖父取消了他那只生下两个女儿而非男嗣的儿子罗伯特的继承权，只给他留下被玛丽称为"饥肠辘辘"的生计。

1788 年遇到霍拉斯·沃波尔（Horace Walpole），成为两姐妹相当贫寒的生活的关键转机。他是当时权贵阶层所青睐的权威"思想导师"（maître à penser），且不仅限于英国范围。沃波尔本人也以热情和蔼的方式叙述了这一事件："我获得了对我来说十分宝贵的收获。我指的是结识了两位姓贝里的女子。我在去年冬天已经认识了她俩，出于偶然，她们和父亲一道承租了这里附近的一间屋子。"他接着讲述道，罗伯特·贝里在妻子年纪很轻时就去世后，独自负责女儿们的教育，带她们在法国和意大利生活了两三年。当姑娘们从欧陆回国后，显得极为知书达理，乃是人们所能想象的最完美的人物。除了强调两姐妹见识卓越，性格从容不迫，且兼具典雅的情感和自发的爽朗之外，沃波尔这篇精心雕琢的小文还告诉我们，姐姐玛丽通晓拉丁文，能说一口流利的法语，而妹妹阿格尼斯颇有绘画才能。沃波尔再度侧重于姐姐，总结说玛丽容貌甜美，长着一对异常生动的漂亮黑眼睛和一张端正的脸庞，苍白的脸色令其更加迷人。然而，这位古怪的保护人却刻意隐瞒了玛丽性格中的主要特征，尤其是她铁一般的意志，正是这点促使她去实现她母亲不可能做到的事情：成长为一位具备"茁壮智力"的女性，能够通过旅行摆脱死水一潭的状态和家庭生活的狭隘局限。玛丽反过来评价道，如果考虑女性通常所接受的教育以及随之而来的头脑和身体的怠惰的话，那么她们不再对现实处境一无所知、无能为力，倒成了值得惊讶的事情。

和沃波尔之间建立起来的这种亲密无间的关系完善并提升了贝里姐妹的文化修养，还为她们打开了欧洲各国首都最排外的圈子的大门。在欧陆旅行期间，尤其是在意大利，导师的挂念一步一步紧随着她们，正是靠了这位遥远但全能的监护人，她们得以接触当时最有影响力的政治、教会和文化人物，并在最精英的沙龙、权贵家族、大使馆甚至宫廷中得到接见。沃波尔本人年轻时就和托马斯·格雷（Thomas Gray）一道完成了命中注定的壮游，因此他能够以最体面的方式指导被他称为年轻的"双胞胎妻子"的姐妹俩。贝里姐妹在洛桑同德·斯塔尔夫人交谈；在佛罗伦萨，她们得到了彬彬有礼的领事霍拉斯·曼的款待；在罗马，她们被引荐给教皇、有教养有权势的枢机主教孔萨尔维（Consalvi）、保琳娜·博尔盖塞，并多次访问风靡一时的艺术家的工作室，从哈克特（Hackert）到卡诺瓦；在那不勒斯，她们出入于卡洛琳娜王后的宫廷。玛丽在自己的日记中准确地记录了这些会面，她的态度是愉快的，同时又表露出视这些会见与本人和本人的文化层次相称的淡泊。从这种生活方式中，人们得以捕捉到当时的大同精神，取决于牢固人脉关系的个人自信，以及习惯于旅行和接触极为不同的环境、理念和习俗之人自发流露的从容大度。这方面的榜样是玛丽对拿破仑的描述。她于1802 年在杜伊勒里宫与其会面，当时她是约瑟芬·德·博阿尔奈

（Joséphine de Beauharnais）的客人。她觉得波拿巴矮小壮实，尽管宽阔的肩膀赋予他一定的威严。他的眼睛是浅灰色的，面对面直视着对话者，这一点往往是好兆头，玛丽补充说。然而她回忆道，尽管待人和蔼，但如果有什么事情让他恼火，他总是会一下子变成"一个可怕的人"（un homme terrible）。

对玛丽来说，旅行代表了诸般渴望中最大的渴望，是人生的主要目标。她在十八岁时就已经思索过逃离老迈英国的陈腐空气，从偶然又泛泛的阅读中一心向往着访问欧洲大陆。她认为，没有什么比坐在一张地图前筹划旅行，预见到所有细节并加以安排更傲慢自大的了。和其他前往欧陆旅行的英国贵族不同，她意识到从出国旅行中能获得种种好处，既能面对最异质的思考方式，又能够出入自我考验、自我询问并有助于自身成长的场合，尽管她没有道破这一点。作为女性，她常常为那些只是出于流俗或虚荣才赴欧陆之旅的同时代女性感到遗憾，甚至几乎以此为耻。她观察发现，许多英国妇女认为旅行是必不可少的，并对所访问的国家表现出兴趣，尽管她们的头脑不够开明，她们的目的也不那么强烈，不足以使之转化为增长见识、培养才干的乐事。

把旅行当作殊异的环境、文化和风俗之间的比较并无条件地热爱，这样的观念在 1783 年春天被首次付诸实践，当时两姐妹借助破破烂烂的公共交通工具四处辗转，并寄宿在简陋的旅店中。玛丽扮演"家庭向导"的角色，阿格尼斯是勤恳的地形图水彩画家，父亲罗伯特则负责财务管理。他们三人展开首次欧陆远足，随后实现了完整的、传统的意大利之旅，从阿尔卑斯山至那不勒斯，一直到刚刚被发掘的庞贝古城。这是在未来几年里先后进行的若干次旅行的前奏。到了那时，巡游半岛的经历将会被在热那亚、博洛尼亚、佛罗伦萨、罗马和那不勒斯等大都会的长期居留取代。他们还将经常出入最排外的沙龙。

尽管是在财务状况捉襟见肘、交往和人际关系仅限于稠密的英国人聚居地的情况下完成的，这第一趟旅行向玛丽和她的画家妹妹展现的却是一个四分五裂、好几个不自由的小邦林立的意大利形象，它们惊人地落后，却能以其让人眼花缭乱的历史古迹、著名宗教和世俗节日的浮华盛况、明媚的景色以及美丽如画的风情吸引旅行者。但意大利权贵家族对外夸耀的表面豪富，与他们私下里的生活窘迫之间的尖锐反差，并未逃过玛丽敏锐的眼睛。当她偶遇摩德纳公爵的随从队伍时，说他的马车是她见过的最陈旧、最疏于保养、最破损不堪的车辆，用来拉车的马会让英国乡下教区的牧师蒙羞。

她在这头一遭访问期间就从渡河或涉水的艰难开始准确记载实际的旅行，这并不奇怪，因为在当时，桥梁最多也只不过是让人望眼欲穿的期盼罢了。玛丽指出，渡河从来不是什么乐事，船只狭小、肮脏、品相不佳，艄公庸碌无能，驿车驭手吵吵闹闹、令人生厌。接下来还有条件恶劣的旅店，庶几可以和英国的马厩相提并论。旅店的床铺被跳蚤侵扰到令倒霉的客人焦躁不安、无法合眼的地步。接着她又提及驿站主人的无赖行径，说他们提供如此羸弱的马匹，以至于旅客被迫在街道最不陡的坡段走下马车并徒步前进。我们在日记中也发现一些多少有点严重的事故，比如有一次贝里姐妹和父亲在诺瓦拉一带由于马车的车轴突然掉落而跌倒。当马车被修好的时候，两位女旅行者在路边已等了很久，满身尘土、燥热不堪，被太阳晒得头昏眼花，又被蝉鸣吵得心烦意乱。

相同的停留点反映了当时的旅游仪式性，比如在维苏威火山口边缘享用的早餐。从那里可以一目了然地目睹炽热的深渊，并欣赏想象中的焰火。在诸如博尔盖塞别墅这样引人入胜的地方，玛丽的反应明明白白地显出不知所措，其内部陈列向她展现了如此丰富的雕像、马赛克、大理石、绘画以及各式各样的古代和近代奇观，甫一进入她就感到自己要被淹没得无影无踪。

在这第一次旅行中，她们没少购买必不可少的纪念品。两姐妹在苏格兰画家雅各布·莫尔（Jacob More）的陪同下访问一位扇子装饰家，从彼处以一古威尼斯金币（zecchino）的代价购得两幅"绘有罗马废墟"的样品。有朝一日玛丽将会写道，她常常回想这趟首次旅行，视之为她一生中最美好的经历之一，因为通过此行，她的才智呼吸到了新鲜空气，想象力以及与之相伴的批判精神得以增长。

1790—1791 年以及 1816—1818 年的后续旅行的主人公则成了一位变化很大的妇人，在仪态和服饰方面颇为讲究的女旅行者，和充满自信的贵宾，她自觉已经理想地融入了欧洲权贵的高雅世界。陪伴其左右的始终是艺术家、音乐家、科学家，无论在哪里她都对艺术品收藏、图书馆、考古挖掘以及科学发现兴趣浓厚。根据当时有教养的巡游群体的习惯，罗马和佛罗伦萨作为艺术家们的工作室驻地，成为壮游的必经之地。玛丽和他们中的一些人，尤其是安东尼奥·卡诺瓦建立了长久的友谊。当她在第一次旅行期间结识卡诺瓦时，他还是一名刻苦自学的青年，是威尼斯附近的农民之子，但已经创作出非凡的画作了。卡诺瓦陪伴贝里姐妹参观最负盛名的古代纪念碑——大竞技场、坎皮多利奥广场（Campidoglio）、万神殿、牛市广场、法尔内塞花园，并担任她们的向导。玛丽也对丹麦雕塑家托瓦尔森表达了高度的赞赏，此人的画室对于身在教皇之城的外国人来说是必定会访问的场所。

然而，玛丽对其他艺术家却发表辛辣而睿智的坦率评价。比如，在访问罗马画家温琴佐·卡穆奇尼（Vincenzo Camuccini）期间，她记录说此人作画时先用铅笔画一幅和本画一样大的草图，根据她的说法，这幅草图几乎像排气孔排气一样耗尽他所有的创造力之火。在位于佛罗伦萨的雕塑家洛伦佐·巴尔托里尼（Lorenzo Bartolini）的工作室中，玛丽的词锋变得尖锐无比，因为尽管欣赏此人精美的艺术，她却写道："他工作是为了卖钱，而不是为了让他的名字不朽。"对于英国收藏家和艺术爱好者最推崇的过去的画家，比如柯勒乔等，她同样展现了类似的独立自主的批评，好似和

《雕塑家洛伦佐·巴尔托里尼像》（1820），安格尔绘

声呼应 [1] 一般。实际上，在第二次旅行期间，她曾为了一睹波多尼出版社（stampa bodoniana）的一百份霍拉斯·沃波尔《奥特朗托城堡》（*The Castle of Otranto*）的样稿而逗留帕尔马。她在那时写道，柯勒乔仍然吸引不了她，她认为人们频繁谈论的雅致纯属装腔作势，缺乏威严和精确。

考虑到她对不同艺术表现的反应，我们的女旅行者似乎试图一点点摆脱清幽冷峻的单调文笔。她在第三次旅行期间在热那亚出席了一场音乐会，这期间尼科洛·帕格尼尼演奏了若干作品，其中有他的三首《随想曲》。帕格尼尼用他的乐器奏出了玛丽称之为惊人和难以置信的声音，验证了他杰出的技艺。但她随后却转述了沙龙中流传的闲话：他是个天生的热那亚人，有着魔鬼般的性格；他赚了大把的金钱，却总是手头拮据。

最后一趟意大利之旅发生在 1820 年至 1823 年之间。当时，奥地利在神圣同盟的政治气候下镇压了那不勒斯的起义者。她从位于罗马的有利位置观察后续事件和冲突，对此的关注始终活跃且迫切，但思想状态不可避免地经历着改变。如今的玛丽为她过去一直压抑的情感留下了谨慎的宣泄出口。在热那亚凭吊她父亲的墓地时，她伤感地评论道，回忆已经取代了情绪的位置。

她在 1820 年末抵达罗马，此行不但促使女旅行者撰写了一篇出人意料、有戏剧性的个人生平总结，还令她自行承担了一项坚决的使命："暌违三十六年后，终于再度来到罗马：整整一辈子啊！我试图不要去回想，尽力不要在心中重新唤起过去的思绪。这样做很可能徒劳且悲伤。"于是她补充道，"慈悯的造物主"曾创造了她，而且她无限信任他的意志。在他跟前，自己应当关心当下，试

---

1 controcanto，本意是指音乐里的副旋律或和声伴奏。

着快活起来，并弥补过去的生活中可能犯下的过失。就在这一刻，为了迎合这个念头，她体验到全新的、几乎令人痉挛的对身边一切事物的兴趣：纪念碑、沙龙、节日、千差万别的事件，等等。之所以会这样，是因为就像洛克哲学所认为的那样，尽管历经风风雨雨，然而随着年岁的逝去，她感到自己将各种想法联系到一起、致力于沉着思考生活所馈赠的一切的能力增强了，变得更灵巧了，哪怕"缺乏腿脚、时间和体力"，难以从这座如此醉人的城市中获取最大的欢乐。

虽然在她不间断的评论中可以处处发现比习以为常的情况更令人不快，几乎是背道而驰的记载，例如参观隔都区（ghetto）[1]，那里是一座算不上洁净的都会的"最肮脏、最恶心"的地方之一，而且那里仍然习惯于在夜间将居民们锁起来，好像牢笼一般。

日记中有若干页最终都提到的一件事情，似乎在这位被迫面对一个深陷戏剧性政治状况的国家的外国女人心中慢慢灌输了微妙的不安。这件事情指的是奥地利军队在前往两西西里王国镇压起义暴动时经过教皇国。听说奥军到达距罗马三十英里的蒙特罗西（Monterosi）附近的消息后，玛丽写道，整个意大利都反对他们对那不勒斯的非法进攻，但她立刻补充道，她不打算评论这个问题的任何方面，而仅限于记录眼皮底下发生的事实。

一支全副武装、建制齐全的军队——步兵、骑兵、炮兵、军械队、辎重队，对于从安全距离观察他们过境、深知遭殃的是别的地方的市民来说，从来都是大场面的奇观。1821年2月底正值狂欢节的高潮，几乎整个罗马都乘坐马车急急忙忙奔赴米尔维奥（Milvio）桥一带，只为围观驻扎在各处城门的奥地利军营。玛丽被一些妇女

---

1　指犹太人聚居区或贫民区。

吓坏了，她们根据习俗，组成当时每支军队令人难堪的随行人员。她是这么讲述的：跟在骑兵后面的妇女骑着部队的军马，其中有两个"可怜的人儿"怀中甚至还抱着婴儿。步兵的随行妇女衣衫褴褛、惊慌失措、筋疲力尽，她们在各自的队伍旁边步行前进，看上去像是被不幸的命运执着追捕的生灵。在那些赶往米尔维奥桥一睹哈布斯堡军队的观众当中，有一些装饰着狂欢节面具的马车，它们挤作一团，稀奇古怪，惹人发笑。女旅行者只看上一眼就捕捉到了两种现实之间的尖锐冲突："对一位有脑子的观众来说，这一场面着实令人印象深刻：人类最严肃的职业之一和他们最无聊的娱乐之一的反差！"

这场可憎的演出——发出阴暗、残酷、嘲弄般大笑的狂欢式死亡——被一颗清醒的头脑描述了下来。她不但删去了场景所诞生的历史偶然性，同时还对一切情感的反应不置一词。有鉴于此，就像在诚恳但冷漠地分析自己"破产的"过往人生时所做的那样，玛丽·贝里仿佛继承了一种拥护者寥寥无几的18世纪旅行理念，这种理念认为，意大利是古代文明和现代文明彼此冲突、唤起回忆、制造奇观的地方，而非旅行者思索当下历史现实，在倾听自身情感的基础上做出反应，并由此展现此时此刻的现实理解的合适场所。

# 第五章
## 一位逃离大革命的女画家

当伊丽莎白·维热·勒布伦已经身在意大利时，她曾说过几句很有启发性的话来归纳命中注定的 1789 年的最后几天。这些话完完全全地突出了她的流亡者和女画家的双重身份。她说，只有生活在罗马的喜悦才能够抚慰——至少部分抚慰——她抛下故国、家人以及许许多多她深爱的朋友和同伴的痛苦。美景的魅力能让任何人枯木逢春，对她这样一位女艺术家来说也是如此，足以缓和人生中最苦涩的时刻。

翻阅她的《回忆录》（*Souvenirs*），人们常常容易低估绘画在多大程度上救赎了这位女画家，不管是在生死攸关的意义上，还是纯粹物质的意义上。她在大都市权贵阶层和外交界交往甚广，同她在意大利遇到的本国艺术家们关系紧密，再加上她本人享有的宫廷肖像画家的名声（这一点迫使她匆忙逃离巴黎），这些因素至少在一定程度上避免了流亡成为她的灭顶之灾，就像司空见惯的那样。由于具有跻身上流社会的可能性以及卓越的工作能力，这位女画家只是非常有限地经历了道德消沉之外的身体消沉，以及寄人篱下状态，而这种状态通常会令流亡者的地位一落千丈。众所周知，猝然间背井离乡、远离故土是人类所能承受的最残酷遭遇之一，它的影响无论如何都挥之不去。这是因为，流亡者连同住宅一起失去的，还有和她紧紧交织，凝聚着厚爱、柔情与回忆的羊皮纸卷。女画家在罗马承认，每一位流亡者所遭遇的事情也发生在她身上，也就是情不自禁地去寻找同胞，如同寻找心心相印的伙伴。另一方面，人们甚至可以认为流亡者享有一种荒谬的、可悲的特权，因为这一撕心裂肺的事件促使流亡者牢牢抓住自己的语言——在这个例子中是自己的艺术，如同她最牢固的纽带、价值、资源一般。实际上，用伊丽莎白·勒布伦自己的话说，她在罗马、佛罗伦萨、那不勒斯等地"如有神助地"工作，这不只是因为在完成艺术培养过程中，她身边的那些受人推崇的大师画室不可避免地激励她，而且也因为，在失去全部财产后，她必须确立自己的身份，并"东山再起"。

对每个时代的流亡者而言，旅行常常就意味着出逃。他们在此过程中必须乔装打扮，隐瞒身份、出身，甚至是性别。伊丽莎白·勒布伦也不例外。她在携同女儿和女家庭教师登上前往里昂的驿站马车时，穿着一身平民百姓的破衣烂衫，头戴一条垂到眼睛上的围巾，以便掩饰她美丽的容貌。在将可观的劳动果实托付给丈夫让-巴蒂斯特·皮埃尔·勒布伦后，她满怀忐忑和恐惧，成为最早离开巴黎的流亡者之一。她的丈夫是知名艺术品商人，王室绘画藏品的保管人，以及具有非凡直觉的评论家，他的功绩之一就是重新发现了伟大画家维米尔（Vermeer）。凭借三十年的商业活动，他有能力把各个名门大派所创作的最美画作呈现在画家妻子面前。但皮埃尔·勒布伦是个挥霍无度之人，因为他同样以酷爱享乐、竞技和美好的生活而闻名。

维热·勒布伦年纪轻轻就已经跻身巴黎艺术舞台的主角之列，因为她以别出心裁的方式描绘的人物，摆着新颖的造型，戴着不寻常的头饰，仪态普通、日常甚至松弛。由于和她最有名望的委托人——王后玛丽·安托瓦内特的恩遇关系，她沦为一场猛烈的诋毁运动的受害者。随着大众骚动的加剧以及王室成员被强迫从凡尔赛迁回巴黎，一名宪兵向她告知，"夫人，您不能再留在这里了"，并建议她赶快动身。为了掩人耳目，她放弃自己拥有的马车，改乘公共交通工具，尽管此举使得她暴露于男女混杂的环境，却更方便地保障她在行经混乱的城市和乡村时得以隐姓埋名。

女画家、女儿和女家庭教师在驿车上发现和自己肩并肩的是一个衣冠不整的无赖，此人把空气熏得臭烘烘的；另一边则是一个喋喋不休的格勒诺布尔乡巴佬，他在每一站都会鼓吹革命宣言。在穿越法国和萨沃亚[1]边境时，她一个劲儿地思考选择流亡之路的自己会经历怎样的艺术家苦旅，即使目的地是以伟大的造型传统著称的地方，那里艺术繁荣，且依然保持着文明的秩序。她最初的停留地点将会是佛罗伦萨、罗马、那不勒斯，而接下来谁知道会是哪座欧洲城市和宫廷呢？只能听凭莫测的命运和委托人的请求而定。

为了理解流亡者伊丽莎白·勒布伦的幸运与不幸，需要回顾女画家的创造性革新时期。她摆脱了当时的形式主义，描绘摆着自发造型的妇女的风格，吸引了玛丽·安托瓦内特。常常抱怨找不到画师能够给她画一张理想肖像的王后委托她创作一系列挣脱传统窠臼的官方肖像。凭借女画家的天才，法国王后的性情在著名肖像画《着衬衣图》（*en chemise*）中得到淋漓尽致的体现，并于 1783 年冒着一片哗然的风险在沙龙中展出。这幅画把王后画得就像在私人生活中的露面一样。玛丽·安托瓦内特没有被表现为高高在上的王后，

---

1 萨沃亚（Savoia），即横跨今天的意大利西北部和法国东南部的萨伏伊公国。意大利语读音为"萨沃亚"。

而是一位典雅、有人情味的女性，或是一位虔诚的母亲。宫廷人士必定对这种表现手法的政治意义心领神会，因为它把已深陷沸沸扬扬的丑闻中心的王后画成在人民看来不那么遥远、疏离的样子。伊丽莎白·勒布伦是第一位，也是唯一一位和王后面对面相处，感受到其愿望，并且至少能够部分地将其诠释出来的非宫廷女性。她像少数其他女性艺术家一样，被皇家绘画和雕塑学院接纳，于1787年展出了里程碑式的画像《玛丽·安托瓦内特和她的孩子们》（*Maria Antonietta e isuoifigli*）。该画藏于凡尔赛历史博物馆，是一张人物呈金字塔状排列的帆布画，它从文艺复兴的《圣母子》画像中获得灵感。因此，听上去像是命运的玩笑一般，她在年纪很轻的时候就获得成为宫廷女画家的殊荣，恰恰就在这个时候，这项殊荣不但会变成侮辱性的污点，而且还有致命的危险。

尽管身处流亡的朝不保夕的状态，伊丽莎白一进入意大利，就怀着习得古代艺术的直接知识的愿望，从一个城市辗转到另一个城市，尤其是研习绘画和雕塑传统的大师作品。这个目的将意大利流亡转化为真正的职业养成之旅，合乎最崇高的壮游精神。她在1789年12月致风景画家于贝尔·罗贝尔（Hubert Robert）的信中亲口承认了这点，并提醒他，她始终渴望倾听那些像他一样有幸描绘过意大利最美之地的人们的讲述："因此您该知道，"女画家总结道，"我是多么盼望能亲自访问这个瑰丽的艺术之邦。"她在各个城市几乎总是受到同乡的款待，名流或给她当向导，或介绍她进入时髦沙龙，而且常常提供歇宿。在都灵接待她的是卡洛·波尔波拉蒂（Carlo Porporati），此人曾将她的肖像画制成不同的雕版画，通过最经济划算的印刷方式，为传播她的名声做出了贡献；在帕尔马，曾给路易十六当过部长的弗拉维尼（Flavigny）伯爵陪同她探索柯勒乔。

《老桥》（1775），于贝尔·罗贝尔绘

　　取道摩德纳和博洛尼亚抵达佛罗伦萨后，她准备为大公爵绘制一幅自画像，用来放置在乌菲齐画廊专门的艺术家自画像收藏中。她在那里设法观摩了安杰丽卡·考夫曼（Angelica Kauffmann）的自画像。在一张对于所要收藏的类型来说非同寻常的、尺寸可观的帆布上，女画家以一种自发的、非正式的姿态为自己画像，一只手托着画板并紧抓画笔，另一只手画着敬爱的王后玛丽·安托瓦内特的肖像草图。女画家微笑的大胆表情让人觉得她正将目光投向观画者，而其实她凝视的对象是她正在描绘的王后，和观画者似乎处于同一位置。朴素的深色服装突出了腰部的红色绸带和系在脖子上的白色纱巾，挑逗般微笑着且平静的面容被褐色的卷发和一条白色薄纱头巾围绕，酷似拉斐尔画中人物的褶皱。借助画中画，女画家构

《自画像》（1800），伊丽莎白·维热·勒布伦绘。现藏俄罗斯圣彼得堡赫米蒂奇博物馆

想了具有个人和政治双重内涵的信息：一方面，这幅画证明女画家别具一格，对自己身为肖像画家的天赋才能深信不疑，因此她的艺术创作足以战胜生活中的种种不顺；另一方面，通过表现画家正在描绘王后——她还是托斯卡纳大公爵[1]的妹妹，这幅画肯定了女艺术家对崇高恩主的忠诚，尽管后者深陷各种戏剧性的事件。"他们称我为凡·戴克夫人（Madame van Dyck）、鲁本斯夫人（Madame

---

1 这里的托斯卡纳大公爵指的是利奥波德一世（Leopold I，1765—1790 年在位），也就是后来的神圣罗马帝国皇帝利奥波德二世（1790—1792 年在位）。

Rubens），而我觉得自己本可以是最幸福的女人，"她在完成自画像后评论道，"如果不是牵挂着不幸的法国的话。"画作在佛罗伦萨受到了狂热的追捧，而乌菲齐的总监、骑士佩里（Pelli）毫不掩饰其偏见，他觉得此画出自一位才华横溢的男士，而非"一介妇人"之手。

　　在永恒之城罗马，期待找到理想工作的伊丽莎白得到法国学院总监弗朗索瓦-纪尧姆·梅纳若（François-Guillaume Ménageot）的收留。此人是历史题材画家，是她在巴黎的密友。在罗马逗留的几个月期间，她常常改变落脚处，除了投身时时变化的工作场合之外，也致力于考察纪念碑、宫殿、艺术收藏，并且随着游览视角的逐步拓宽，参观了别墅和美不胜收的近郊，也就是外国旅行者们通常的目的地。她对每个地方——弗拉斯卡蒂（Frascati）、阿里恰（Ariccia）、内米（Nemi）、阿尔巴诺（Albano）都怀有极度亲近的，几乎是狂热的感情，在那里好似体察到了众多曾经凝目注视这些地方，并将其描述或绘制下来的艺术家的回音。

　　她在真扎诺（Genzano）租了几天卡洛·马拉塔（Carlo Maratta）曾住过的屋子；在参观过蒂沃利的小瀑布和尼普顿山洞后，她讲述自己吃完午餐后在西比尔神庙的廊柱底座上躺下休息了片刻。正是这处被供奉给受到神启的女性的地方，将在不久后被德·斯塔尔夫人确定为柯琳娜的家园。在参观梵蒂冈博物馆期间，女画家优先驻足于拉斐尔的杰作前，学习其宏大的构图灵感，捕捉其取之不尽、直至最微小褶皱处的才思，并在自己的肖像画中效仿。对于个别艺术作品，她时不时会冒出独具慧眼甚至恶作剧般的评价，例如位于胜利圣母堂（Santa Maria della Vittoria）的贝尔尼尼雕塑《圣女大德兰的神魂超拔》（Estasi di santa Teresa）。此作给她的印象是"难以描述的丑恶"。此外，她善于把握文艺复兴和巴洛克时

《汉密尔顿夫人扮演波斯的西比尔》（1792），伊丽莎白·维热·勒布伦绘

代的神圣绘画或雕塑的精髓，并能够出色地再现狂喜之态和忧郁之情。但令她目眩神驰，激发她对音乐之夜、狂欢节，对那些漂亮、放荡、慵懒的市民，尤其是对神圣与世俗的混杂的热忱的，却是整座城市。在这种混杂中，遥远时代的废墟更加映衬宗教节日的辉煌，将古罗马的盛况与气息传递给了这座城市。

在那不勒斯，作为不幸的玛丽·安托瓦内特所青睐的女画家，伊丽莎白得到了法国大使塔列朗男爵和国际权贵界知名代表们的接待。由于这些有影响力的人物，工作和获利的机会多了起来：俄罗斯大使斯卡沃隆斯基伯爵请她为妻子作画，后者在暧昧和昏睡的松弛状态中显得美丽迷人；英国大使、古物收藏家威廉·汉密尔顿（William Hamilton）委托她给爱人艾玛·哈特（Emma Hart），也就是未来的汉密尔顿夫人画像。女画家并不限于画出这些人物，还敏锐地呈现其秉性和性格，并且通过这些画，向备受尊崇的意大利大师们致敬。特别是汉密尔顿夫人——她因动人的美貌、被歌德描述过的戏剧般的举止以及声名狼藉的生活而远近闻名——成了她偏爱的模特，因为女画家从她身上感到一种复古的力量。她最初把她画成挑动情欲的酒神女祭司的样子，可以被诠释为一位相当诱人的玛德莱娜（Maddalena），故而与西比尔相似。她盘在脑袋上的围巾呈缠头巾的形状，明显呼应了多梅尼奇诺(Domenichino)的《库迈的西比尔》（*Sibilla Cumana*）。借助象征女性灵感的西比尔的形象，伊丽莎白多次颂扬了女性的才智，而且未来的某天她将会根据小说中描写的一段话给德·斯塔尔夫人的柯琳娜绘像："她穿得像是多梅尼奇诺的西比尔：缠在头上的披巾被编织在她乌黑的头发上。"音乐家乔瓦尼·帕伊谢洛（Giovanni Paisiello）的肖像画是揭示她最细腻的心理情感的画作之一。此画绘于狂喜的一刻，人物口唇半开半闭，低声吟唱他正在古钢琴上谱写的咏叹调。

法国王后的姐姐、玛丽亚·卡洛琳娜王后召她入宫，委托她给自己画肖像，并邀请她定居那不勒斯。在创作过程中，伊丽莎白感到怀旧的回忆重新涌现，以至于尽管王后和她的妹妹长得并不十分相像，却仍然令女艺术家想起自己初露锋芒的幸福时光。女画家谦卑地婉拒了久居那不勒斯的邀请，因为尽管她认为这座城市是"一座奇伟的魔幻灯塔"，但她坦承内心中从未战胜过对火山的恐惧。真实原因当然绝非如此，而是应当在她的流亡者命运当中寻找。随着来自法国的越来越悲惨的消息流传开来，她失去了马上重返祖国的希望，只得筹划在欧洲各国首都和宫廷进行肖像画家的巡游之旅。

追随女画家在离开那不勒斯后的北上路线，相当于完成最传统的意大利之旅。途中必经的停留地有时候具有自然主义的兴味，有时候则以大师杰作而驰名。在罗马稍事停留后，女旅行者重启旅途，根据当时的习惯踏上弗拉米尼亚大道（via Flaminia）。此外，这条路使她能够一睹马尔莫雷瀑布，之后在弗利尼奥（Foligno）还能看到拉斐尔极受赞誉的同名画作《圣母像》[1]。

一如既往地受到不可压制的好奇心驱使，伊丽莎白经佩鲁贾大道抵达佛罗伦萨，在那里体验了一场创伤经历。在造访大公国的物理和自然史展室——旅行者的必经之地——期间，著名解剖学家费里切·丰塔纳（Felice Fontana）在自己的领域里给她当向导，并向她介绍了他的蜡制维纳斯，也就是一具真人大小、仰面躺着的女人身体像，它的四肢和裸露的全身完美无缺。在让访客着迷地观赏片刻后，丰塔纳掀开对应胃部的隆起和人造腹部位置的一种特制盖子，暴露出里面的内脏和其他肠道结构，其制作逼真得吓人。女画家一看到这些立刻几乎昏厥过去，并承认有好几天时间里，她但凡看到一个人就会在头脑中脱去他的衣服和皮肤。她的相机般的双眼很可能在这次视觉体验中感到一种戏剧性的、掐头去尾的"追忆"，揭露出在她的贵族模特们难以言传的笑容背后所隐藏的东西。她那始终极为敏锐、穿透力强、不放过最微小细节的眼神，似乎失去了拉斐尔式的神采，而她一直是通过这些神采来升华人物的现实特征的。但当丰塔纳告诉她，如果想要摆脱这种细致入微地画出人物特征的执念，就必须把画笔抛在一边，她自言自语地说道，对她来说画画和生活是同一回事，她始终感谢上苍赋予她超凡的视觉。

---

[1] 拉斐尔的这幅画创作于1511—1512年间，通称"弗利尼奥圣母"，所以这里称其与城镇同名。

《自画像》（1790），伊丽莎白·维热·勒布伦绘。现藏意大利乌菲齐美术馆

　　美丽的理想外壳所造成的表里不一的骗局在多大程度上刺激了女艺术家的反应，它就在多大程度上被人执着地研究和绘画。这一点得到另一位才智卓绝的女旅行者伊丽莎白·韦伯斯特的证明，后者在短短三年后也参观了同一座博物馆。在评论这件精美绝伦的解剖复制品时，她毫不慌张地认可丰塔纳再造人体最微小细节的惊人才能，甚至承认"艺术科学家在想象力的调色板上应当保留一大片黑色"。艾丽莎·冯·德·莱克的反应并无不同。她在 1804 年参观同一座展室时仅仅通过观察发现，丰塔纳想在真人大小的蜡像上表现希腊式女性美的理想，并且"身体的每一部分都被打开，从内

部展现最纤细的血管"。但不管是前者还是后者，都不具备女艺术家的慧眼、富于洞察力的超级感官，以及不可磨灭的视觉记忆。

威尼斯是期盼已久的一站，女旅行者惴惴不安地面对这座城市。带她认识这座潟湖城市、它的名胜以及绘画传统的向导是多米尼克·维旺·德农（Dominique Vivant Denon），他是法国最活跃、最多才多艺的学者之一，也是对意大利了如指掌的大行家。伊丽莎白·维热·勒布伦的威尼斯之行在部分程度上平平无奇，包括她一抵达就立即旁观的与海结婚的仪式；部分程度上她此行又是专业的，包括怀着赞许之情鉴赏罗萨尔巴·卡列拉（Rosalba Carriera）的彩粉人物画。应维旺·德农的请求，她绘制了伊莎贝拉·马里尼（Isabella Marini）像，随后又给她常常出入的沙龙的主人迪奥托基·阿尔布里兹（Teotochi Albrizzi）作画。此人的沙龙后来又款待了德·斯塔尔夫人、夏多布里昂、司汤达和拜伦。

她在意大利旅行期间造访帕多瓦、维琴察，逗留于帕拉第奥建造的卡普拉别墅（villa Capra）。继而前往维罗纳，参观圆形剧场和圣阿纳斯塔西亚（Sant'Anastasia）教堂。怀着可能重返本国的秘密希望，她旋即疾行至都灵，在那里租了一栋丘陵上的小别墅，度过一段等待和休整的时期。但从法国传来的消息越来越让人不安，那里颁布了没收流亡者财产的法令，列表中也出现了她的名字，这样就剥夺了她的一切希望。随着王室成员被逮捕，成千上万没有任何谋生手段的移民家庭涌入都灵，制造了她本人称之为痛心的场景。

在惊慌和失望之下，她只得退往能够指望一些可靠营生的米兰。她的好奇心一如既往地强烈，哪怕最阴沉的前景也无法使之减弱。她长久驻足于列奥纳多·达·芬奇的《最后的晚餐》（Ultima cena）跟前，凝视拉斐尔为梵蒂冈的各间大厅所作的草图，以及益博罗削图书馆（Biblioteca Ambrosiana）[1]的绘画珍藏。她再一次拓宽巡游的范围，跳出城市来到马焦雷湖岸边。在和长期以来的仰慕者、奥地利大使约翰·维尔舍克（Johann Wilscheck）伯爵会面期间，后者向她提议移居维也纳。由于对玛丽·安托瓦内特无可置疑的忠诚，她在那里将会享有皇后玛丽亚·特蕾莎（Maria Teresa）[2]的保护，并享有对她的艺术活动来说极为有利的前景。这项提议对于她这样一位不安于现状，同时脚踏实地的人物来说特别具有吸引力，因此在 1792 年 10 月，厌倦了意大利经历的女画家继续她的旅行，在一对前往维也纳的波兰夫妇陪同下动身。作为流亡者和著名肖像画家，她在超过十年的时间里辗转于欧陆多处宫廷，包括圣彼得堡。

伊丽莎白·勒布伦在复辟时期收集自己时隔多年的往事，像流亡者通常做的那样，通过写作这一手段来弥补其不在国内的空白时期，回忆自己的巡游岁月。尽管对个人艺术家生涯的不同方面进行了删减和理想化，但问世于 1835 年的《回忆录》救赎和捍卫了一位受人嫉妒和仇恨的女性的名誉，这是她积极进取的天才、美貌和职业成功都没能做到的。出于自我辩解的目的，回忆具有选择性取舍的意味，并由此流露出构造一种符合回忆录传统的形象的愿望，这些都反映在某个熟人的一句话中。这句话促使她回想起自己那幸运的、漂泊的一生，并将其记录下来："女士，如果您本人不做这件事，在您之后将会有别人去做，上帝才知道他们会写些什么东西！"《回忆录》的撰写是依靠合作者完成的，他们听写这位流亡

---

1　始建于 16 世纪的著名图书馆，位于米兰。

2　玛丽亚·特蕾莎是神圣罗马帝国皇帝弗朗茨二世（1792—1806 年在位，帝国被拿破仑废除后，改称奥地利皇帝弗朗茨一世，于 1804—1835 年在位）的妻子。她的母亲玛丽亚·卡洛琳娜是玛丽·安托瓦内特的姐姐。

者的口述，重新整理笔记，于是就暴露了时而清晰时而模糊的回忆、逸事和生动片段所具有的碎片式特征。素材被旅行叙事的常规风格紧紧贴合在一起，这种黏合剂使之合乎情理地连贯一致，从而描摹了一位能够借助其艺术、从人类所能牵涉其中的最不幸状态中收获颇丰的女性的意大利和欧洲之行。

## 第六章
## 黑色旅行 [1] 的终点

　　1796 年 4 月，在往北翻越皮斯托亚亚平宁山脉（l'Appen-nino pistoiese）[2] 之后，伊丽莎白·韦伯斯特开始实施一项即使出现在黑色小说中也毫不逊色的计划。她和孩子们以及仆人投宿帕乌洛村过夜。在那里，她带着两岁的小女儿哈丽特·弗朗西丝躲进第一家驿站旅舍，借着烛光，在女儿的手臂和肩膀上掐出密密麻麻的红色小点。她在叫来女侍后立刻假装手忙脚乱，一边紧张地绞着双手，一边告诉她哈丽特得了麻疹，当时，这种致命的传染病正在意大利各地大规模爆发。为了避免疾病传染给两个儿子，她斩钉截铁地勒令仆人赶往摩德纳，并在那座城市听候指令。她一个人和女儿以及极其可靠的保姆萨拉·布朗留下来，从女儿身上抚去红点，随后将装着吉他的箱子打开，往里面塞了一头用碎布裹着、刚刚被割喉的羊羔。在合上盖子之前，她往羊羔包裹上放了一张蜡制的白色面具，

---

1　这里的"黑色旅行"一词显然是模仿"黑色电影""黑色小说"制造出来的，暗示这趟旅行具有隐秘和悬疑的特征。
2　位于意大利北部托斯卡纳-艾米利亚亚平宁山脉的南坡，有超过一半面积位于今天的皮斯托亚（Pistoia）省境内，故得名。

这是习以为常的幼童遗骸的标记，以此避免别人进一步检查里面的东西。接着她命令仆人立刻将假棺材带到利沃诺的英国领事处，以便将棺材葬在英国人社区的公墓。次日，她将哈丽特托付给忠心的保姆，让她务必将女儿秘密带到英国的一处专门地点，而她本人动身去摩德纳和另两个儿子以及仆人会合。在摩德纳，她假装泣不成声，告诉他们哈丽特已经去世，而他们别无选择，只能满怀悲痛地继续旅程；与此同时，她给丈夫戈德弗雷·韦伯斯特（Godfrey Webster）寄去一封信，在信中通知他女儿因麻疹引起的痉挛夭折。

在发现自己怀孕后，伊丽莎白·韦伯斯特在佛罗伦萨就已经酝酿了这条不吉利的计谋，借助此计，她费尽心机地避免失去年纪最小、最需要母爱的女儿，因为她预见到丈夫肯定会以通奸为由向她提出离婚诉讼。她丈夫身在英国已经一年，他不可能是她刚刚怀上的小生命的父亲。而她也知道，根据当时的英国法律，犯有此类罪行，或至少被怀疑犯有此类罪行的妇女，会首先被判处与子女分离。

伊丽莎白是瓦萨尔（Vassall）家族的后裔，该家族早在五月花号的时代就在马萨诸塞州登陆，在那里拥有广阔的种植园。五月花号这艘朝圣先辈（padri pellegrini）[1]的船只属于她的一位祖先萨缪尔·瓦萨尔，而这个家族又在牙买加通过奴隶贸易获得了难以估量的财富。伊丽莎白刚满十五岁就被嫁给了四十八岁的戈德弗雷·韦伯斯特，此人是熟稔英国上流社会的从男爵（baronetto）[2]和议会成员，还是许多宅邸的所有者，其中包括巴特尔修道院（Battle Abbey），因建于征服者威廉时代黑斯廷斯战役原址而著称。这场

---

1　"朝圣先辈"英文作 Pilgrim Fathers，是位于今天马萨诸塞州的普利茅斯殖民地的早期欧洲人移民，以旅居荷兰的非国教英国人为主。
2　又称准男爵（baronet），1611 年起设立的爵位，低于男爵，高于骑士。

由各自家庭出于利益而缔结的婚姻始于 1786 年，比皮斯托亚亚平宁山下发生的让人毛骨悚然的活剧早了十年，具有人们所能想象到的最不般配的婚姻的一切要素。婚后，性格和举止都十分粗鲁的丈夫立刻暴露出真面目：他是个沉湎于赌博和饮酒的浪荡子，时而陷入难以抑制的狂怒，时而发作周期性的严重疑心病。反过来，年轻的妻子毫不迟疑地显示出自己是一个特别有活力、有雄心，以及近乎固执地渴望认识世界的女人。她的这一性格使其无法接受仰人鼻息的状况，更不用说被软禁在巴特尔修道院家中了。那是一个可恶的地方，她后来说，"在那里，我在孤独和气馁中度过了人生最美好的年华"。人们在她身上可以验证德·斯塔尔夫人小说中男人们谈论柯琳娜的自由精神时所说的话："我们在家中是怎么对待这样一个女人的？你们能想象吗，她一个人孤零零地待着，而你们却快活自在地狩猎着天晓得的什么东西，或者到上议院开会？"

结婚五年后，她以阅读和费力地搜寻外部世界的新闻作为仅有的逃避。在第一个儿子出生后，伊丽莎白成功地说服丈夫遵循英国贵族远赴欧洲"壮游"的礼仪，并随即沉浸于漫长的意大利假期。他们连同两辆塞满行李的马车出发前往欧陆，随身带上了两名保姆、一名女仆、一名男仆、一名厨子和一名马车夫。环游是以相对仓促的方式进行的，绕过爆发革命的法国，沿着德国和奥地利的道路行进，在这两地的城市中进行短暂停留。在意大利半岛各国首都的居留实际上从 1791 年拖延至 1796 年，如果不是由于夫妻间的缺乏了解和极为糟糕的关系，款待、节庆，以及和当时的知名人物因家庭地位之故的会面，本来可以令旅途十分惬意。

女旅行者去世后，以《霍兰德夫人伊丽莎白日志》（*Journal of Elizabeth Lady Holland*）为题出版的日记记录道，她在刚刚抵达佛罗伦萨后未能一睹大部分艺术收藏，因为总是有个人紧跟在身后，肆无忌惮地强迫她心急火燎地赶路，而她想的却是停下来舒舒服服地凝视那些独特的作品："他的威胁一度吓得我要死，哪怕当时的经验告诉我不用把这些威胁当回事，但他粗暴的脾气还是让我备感焦虑。"1793 年结婚七周年之际，伊丽莎白以简洁的方式写道，在七年前的这个宿命的日子里，正值天真烂漫的她被交到一个迫使她连活着都要憎恨的男人手中。后来，丈夫花天酒地的恶果常常将夫妻二人阻隔开来，比如无节制地痛饮"奥尔维耶托（Orvieto）葡萄酒"造成的痛风发作令他难以相处。伊丽莎白为了阅读而自我孤立并封闭内心的倾向惹恼了戈德弗雷·韦伯斯特，他毫不犹豫地撕碎她手中的书，把碎纸扔到她头上。后来，当"折磨人的"丈夫于 1792 年夏天必须短暂回到英国以便确保在议院中重新当选时，年轻妻子的孤独感变得越发强烈，她后悔被一个人丢在外国，举目无亲，没有一个真正的朋友。"我孤身游览了巴尼·迪·卢卡和其他地方，"她语带讥讽地写道，"人们肯定把我当成一个古怪的人了：年轻、漂亮又孤单，只是为了参观卡拉拉的采石场就出来游玩！不消说，这可真是一桩美好的稀奇事。"与此同时，她越来越执着地流露出身边能有一个在志趣和性格上产生共鸣之人的渴望，尽管还模模糊糊，但她对此已经梦想过无数回，虽然从未实现过。从 1793 年 6 月的一则记载中可以读到这点，它写于访问索拉泰（Soratte）奇妙美景期间的驿站旅店内。她叙述自己在日落时分散步，感受到周遭的宁静，即便心中觉得缺了某个能够对其敞开胸怀、共同分享的人。然而她补充说，在理智的劝说下，平静的意志支配了内心的冲动，但她也自问，如果心灵和理智达成一致的那天来临，那么可能会发生什么样的事情呢？

那一天很快就来了。在此之前，她经历着与日俱增的焦虑、稍纵即逝的沉迷，以及随着 1795 年丈夫再度返回英国所引发的殷勤

《格兰维尔·利文森爵士像》
（1800），托马斯·劳伦斯绘

讨好关系。甚至发生了一些令人不快的插曲，比如当她从佛罗伦萨的佩尔戈拉（Pergola）戏院返回时，为了逃离一位在她耳边低语"暗中犯罪，何罪之有"[1] 的本国人，她从一架行驶中的马车上跳了下来。格兰维尔·利文森-高尔（Granville Leveson-Gower）爵士在1794年从佛罗伦萨写给母亲的一封信中匆匆勾勒了对伊丽莎白的印象，揭示了当时许多英国人对她的刻板成见。人们在信中读到，伊丽莎白是一位讨人喜欢、性格纯良的女子，但她和声名狼藉、执迷不悟的花花公子以及风尘妇人来往甚密。英国驻柏林大使的评价恶意十足，此人在夫妇俩壮游初期认识了他们，他形容伊丽莎白美丽而迷人，但也是他碰到过的最厚颜无耻和目空一切的女人。恰恰是含糊其词的佛罗伦萨信件的书写者，无意中为伊丽莎白·韦伯斯特人生中的关键转折出了一把力，将她介绍给了刚刚从西班牙抵达佛罗伦萨的年轻的霍兰德爵士亨利·理查德·福克斯（Henry Richard Fox）。伊丽莎白被新来者的俊美相貌以及人品所吸引。不可忽略

---

1　原文为法语：pécher en secret, n'est point pécher。

的一点是，他比她小两岁，性格和蔼可亲，谈话文雅诙谐。二人建立的友谊很快就转化为一种自发的依恋，伊丽莎白一直缺少与他人的对话、分享甚至迁就，如今在这样一个人身上找到了这种可能性，一切便理所当然了。

这段时间举办了由伊丽莎白组织的沙龙聚会，地点在韦伯斯特一家从吉诺利家族租来的小别墅中，位于佛罗伦萨十字门（porta alla Croce）附近的新居民区马托纳亚。城中最有名望的人士频繁出入这家沙龙，其中有解剖学家丰塔纳、数学家和水力学家弗索姆布洛尼（Fossombroni）、历史学家德尔菲科（Delfico）、政治家内里·科尔西尼（Neri Corsini）、诗人皮尼奥蒂（Pignotti），此外还有阿尔巴尼伯爵夫人和那位总是板着脸的维多利奥·阿尔菲耶里 [1]。戈德弗雷·韦伯斯特出发前往英国后，伊丽莎白和霍兰德爵士一同到那不勒斯、罗马、巴尼·迪·卢卡、热那亚旅行，直至1796 年 4 月她发现自己怀孕两个月。她只得离开佛罗伦萨"这个魂牵梦萦之地"，她在那里"品味了整整一年强烈但难以持久的幸福"，踏上前往英国之旅，准备面对离婚以及和两个儿子分离的痛苦。但在时年二十五岁的她面前，也存在和霍兰德爵士一起开始新生活的可能性。实际上，在离婚判决后，她立刻于 1797 年和他结了婚。

伊丽莎白思想上兼收并蓄，长期以来怀着被压抑的解放愿望。这位干练的女性无论在哪里都能发挥出她的组织能力。位于肯辛顿的霍兰德大宅高朋满座、名流云集，成为政治理想和福克斯家族事务的活跃中心，以及国际文化的交流之处。政治家、王室人员、欧

---

[1] 阿尔菲耶里伯爵（Vittorio Alfieri，1749—1803）是 18 世纪意大利最负盛名的剧作家和诗人之一。

陆艺术家频频造访这个被称为"全欧洲之家"的地方，此外，这里还接待一度成为其固定宾客的乌戈·福斯科洛等流亡者和弃国出逃者。霍兰德夫人掌管所有这一切，正如在来宾中引人注目的托马斯·巴宾顿·麦考莱（Thomas Babington Macaulay）所说的那样，她常常怀着不可动摇的镇定料理诸多事务，就像百夫长将他的士兵排成直线一般。这位历史学家和政治人物所留下的描述，以他的方式解释了这位离经叛道的女性身上无数引人入胜的矛盾："霍兰德夫人是位了不起的女士，她充满想象力，既歇斯底里又多愁多虑，既和蔼可亲又惹人讨厌，既猜疑又迷信，有着幽灵般的恐怖，但并不敬畏上帝。"

在意大利日记中，动荡的个人生活、凡俗的交往、短暂的地下恋情、同英国社区的关系、法国大革命的指涉占据主要内容——"巴黎的消息让人瑟瑟发抖：断头台忙个不停，每天有数百人死在那台可怕的机器上"，似乎将旅行叙事和访问大小城市以及自然美景之地的经历置于次要地位。在启程之际，伊丽莎白是二十多岁的年轻女性，她凭借活跃的好奇心和积极进取的性格弥补了笼统的家庭教育的不足。对于博洛尼亚、罗马、佛罗伦萨等地最雄伟的纪念碑以及杰出艺术收藏，这位女旅行者表现出热心学习之人的好奇心和兴趣，勤奋但缺乏积淀；面对科学机构时，好奇心同一种很大程度上自觉的，并不全然缺少自然主义理念的视角混合在一起。这是一种老派的培根式粗浅学识的结果，旨在对现象进行经验观察，并加以理性分析，而在启蒙时代则表现为各项原理的入门功夫。女旅行者对解剖展室、珍稀收藏以及造访科学人士的兴趣反映了这点。比如，她在帕维亚拜访了斯帕兰扎尼（Spallanzani），在都灵拜访了邦伏瓦桑（Bonvoisin）。她在都灵肯定围观了"为了证实动物电流而对一只青蛙做的残酷实验"。在佛罗伦萨，大公国科学博物馆总监丰塔纳向她说明对蝰蛇的毒液所做的实验；除了蜡制维纳斯，还向她展示了"木头人"（homme de bois），一具和真人同样大小的躯体，外部由三千块部件组成，而内部构件——包括骨骼、神经、静脉和动脉——总计多达两万五千个。

那不勒斯爆发天花大流行的迹象后，她对科学的热爱超过了好奇心，毫不犹豫地和贾内蒂（Gianetti）医生共同完成了一件前所未有之举：根据玛丽·沃特利·蒙塔古从奥斯曼帝国引入的、在欧洲几乎无人知晓的免疫措施，有意识地给孩子们接种病毒疫苗。此外，她观察自然现象的方式很有启发性。当她前去参观马尔莫雷瀑布时，她对这条"欧洲最壮观、不亚于尼亚加拉"的瀑布的赞叹并不排斥对持续钙化进程中的植物甚至是根茎的考察，这种进程被归因于"有石化作用的水流"。至于女旅行者后来倾向于收集地方民谣和传说这件事，她对两位嘉布遣会修士故事的记述可资佐证：一天，他俩徒劳地试图挑战韦利诺（Velino）洪水，水流汇入瀑布，笔直倾泻而下；她语带讥讽地评论："他们的兜帽、念珠和主保圣像都救不了他们。"这则逸事并未频繁出现于描述瀑布的众多旅行者的日记中，却将成为法国画家古斯塔夫·多芬（Gustave Dauphin）一张帆布画的主题。

伊丽莎白·韦伯斯特处处验证她的观察精神和草绘技能，造访科尔托纳（Cortona）便是一个很有说服力的例子。她从佩鲁贾出发，经过九个小时的疲劳旅行，于 1792 年 6 月抵达这座始建于埃特鲁利亚时期的城市。这位贵族女旅行者到处受人服侍和尊敬，而在这偏远之地却找不到一个人来接待她，只是在陡峭的窄巷里一阵闲逛后才偶遇一个自称是向导的半醉跛子，后者将她带到一位神父的家中。神父是埃特鲁利亚学院的负责人，她觉得此人是"他自己的收藏中最稀罕、最古老的标本"。这位切拉里神父的外表客气地说也是令人讨厌的，他的穿着和走路的样子滑稽可笑。女旅行者叙述说，他戴着一顶扁平、油腻、污秽的三角帽，下面则是一顶淡红色、有破洞的圆帽，衬托出瘫痪病人似的淡黄脸色。不知道是出于某种疾病还是精神错乱，他的头摇晃个不停，口水顺着歪斜的嘴角滴落，而水肿的肚子迫使他走起路来趔趔趄趄。这是她头一遭见到如此严重的丑恶形貌集中在一个人身上。最最不能忍受的是，尽管她一个劲儿地央求并无休止地软磨硬泡，神父根本没有向她展示奇妙的埃特鲁利亚藏品和其他古物，而她正是为了这些才甘于忍受登山之苦的。在封闭、猜疑、过分虔诚的意大利落后地区，像切拉里神父这样的行为完全不罕见。辞别神父后，伊丽莎白和当地一位收藏家交谈，此人向她出示了古代文物：一尊美轮美奂的陶土丘比特像，一面刻有浮雕图案的盾牌，在特拉西梅诺（Trasimeno）发掘的、很可能来自迦太基的几根象牙，一块波尔塞纳[1]的奖章，以及其他奇珍。

另一方面，日记记录了畅享意大利风光的场合，尤其是处于维苏威火山的阴影下的那不勒斯周边地区，聆听着火山轰隆隆打哈欠的声响。她凭借天生的敏锐记录下这些时刻，其中不乏天真烂漫的地方。比如，她描述夜晚是如此晴朗和空气流畅，以至于刚刚绽放的橙花香气都四散开来，树叶间影影绰绰地映出被海湾的镜子反射的月光。这整个景色——一幅不折不扣的那不勒斯水粉画——让她觉得对于心灵来说不啻一剂催人入睡的灵药，动人心魄的迷醉成了压倒性的情感。至于伊丽莎白的眼光有多么宽广同时又有多么细腻锐利，从她对卡塞塔（Caserta）附近的圣莱乌乔（San Leucio）所开展的启蒙时代经典之旅就能反映出来。那里有为了促进人民的社会进步而兴建的著名丝绸和布匹制造厂。跟随王室成员

---

1　波尔塞纳（Porsenna）是埃特鲁利亚人的国王，在公元前 508 年与罗马人开战。

和宫廷的这趟访问发生在一次大众节日期间，似乎向旁观者有力地阐明了这块理想拓殖地上宁静且苦中有乐的生活。伊丽莎白祝愿，这样一项创举的成功能够促使统治者们在卡拉布里亚（一片鲜为人知、饱受摧残的荒野，旅行者们常常将其与非洲相提并论）增加并扩大类似的实验，以便激发人们的刻苦勤勉，将其从长期的迟钝和愚昧无知状态中解脱出来。随后，她又兴致勃勃地观察君主爱抚当地妇女和孩童的家长式作风，补充说根据私底下的传言，这片理想的拓殖地发挥着后宫和儿童保育园的双重功能。

在佛罗伦萨日记结尾部分的一页里，伊丽莎白如同告别一般，对她漫长和多姿多彩的意大利经历进行了概括性评价。她认为，踏足意大利后最先、最强烈的情感是对于那些从童年起就耳熟能详的历史事件的回忆，更不用说想起辉煌的古典往事了。人们倾向于为了艺术品位的培养而去铭记它们，随后又出于虚荣而援引它们。但是，就在过分激动的想象力被设法平息下来，女旅行者因为长期定居该国而熟悉了所有这些迷人景致之后，吸引她并激发她的赞赏之情的，却是一个拥有诗人、历史学家、艺术家和科学家的近代意大利。伊丽莎白·韦伯斯特的意大利没有盲从相当一部分外国来客的观念和视野，并未完全活在过去。她提到的饱学之士都是她在罗马、那不勒斯尤其是佛罗伦萨的吉诺利小别墅精心组织的晚会上的对话者，这一经历和习惯将在霍兰德大宅恢复，其规模要庞大得多。最后，还有一个插曲能够充分说明霍兰德夫人在生命的每时每刻都追求的自主和坚强态度。她断然违背本国的政治禁令，反复给圣赫勒拿岛的拿破仑寄去书籍和慰问物品。她对此人有着无限的赞赏。这位专政者死后，有不知名人士将他的鼻烟盒寄送给她。

# 第七章
## 未竟的旅行

　　尽管妻子玛丽已经去世多年，但每当托马斯·格雷厄姆将军偶尔回到位于苏格兰伯斯郡（Perthshire）的家族老宅，站在妻子年方十七岁时的肖像前时，总是体会到一种不舒服的感觉。这幅画是他们婚后不久由庚斯博罗在 1775 年绘制的。围绕着画中人暧昧且高傲的贵族气度，以及深深吸引画家、促使他精益求精的天鹅脖颈，有太多的回忆和焦虑被沉淀下来。

　　他们的爱情故事始于一个寒冷却热情洋溢的冬夜，当时他们在一座远离各自住所的宅院举办的舞会上相遇。在离开聚会的当口，托马斯·格雷厄姆听人说玛丽遗忘了她那只盛放珠宝的首饰盒，于是他骑上马，上气不接下气地赶了好几英里才将其交还给她。女子被骑士的义举弄得惊讶不已。这位比她年长十岁的男子一下子如同梦中情人一般出现在她面前。

　　玛丽是曾随保皇军在决定苏格兰命运的卡洛登战役 [1] 中战斗的

---

[1]　卡洛登（Culloden）战役发生于 1746 年 4 月 16 日，由"光荣革命"中被废除的英国国王詹姆士二世之子、"小王位觊觎者"查理·爱德华·斯图亚特发动。战役以英国政府军大胜查理·斯图亚特告终。

《格雷厄姆夫人》（1775），庚斯博罗绘

苏格兰贵族查尔斯·卡斯卡特（Charles Cathcart）爵士的女儿。她早就习惯了家族不断变换居住地的生活方式，不管在哪里都因其精致的美貌和与生俱来的优雅受人称赞。她的家族曾随着被派往叶卡捷琳娜女皇处担任大使的父亲迁居圣彼得堡，女雕塑家玛丽-安妮·科洛（Marie-Anne Collot）在那里为她制作了一尊大理石半身像，突出了她瘦削身姿的魅力。实际上，她从母系那里继承了多病的体质和一向脆弱的肺部。就在从俄罗斯回到英国前不久，她经受了失去母亲、兄弟和姐妹的痛苦，他们全都死于肺结核。

婚后最初几年，托马斯和玛丽试图长期定居布莱顿，他们相信那里的空气有益健康，可以消除疾病的潜在隐患。在海港车站这一季节性的文学沙龙中，玛丽和德文郡（Devonshire）公爵夫人乔治亚娜建立了友谊，和她进行了大量通信。她还和玛丽·沃斯通克拉夫特交谈，展现出不寻常的机敏才智。此外，她婚后的最初几年也并不缺少具有浪漫情调的戏剧性事件，比如遭遇街上匪徒的袭击时，托马斯曾保护妻子和她的姐妹简（Jane），把匪徒打得落荒而逃。

尽管不以贵族头衔自夸，托马斯是一位非常富有的庄园主，能够维持长期定居国外的生活。深爱妻子的他和玛丽前往气候有利于胸部疾病的各国进行长途旅行。先是葡萄牙的里斯本和波尔图，再去了西班牙。在马德里，玛丽是最早提到弗朗西斯科·戈雅的外国人之一。短暂回国期间，玛丽的健康状况不断反复。此后，二人决定专门前往地中海疗养胜地，首先去了耶尔（Hyères），随后前往尼斯，即欧洲北部饱受胸疾之苦的人们登岸的地方。意大利与这两个地方隔海相望，他们的许多本国同胞都声称自己在这个美丽与希望之国重获健康。此外，托马斯十分了解半岛上的主要城市，这位富有的土地所有者少年时就已经在传统的壮游期间造访过它们，以这种方式模仿贵族的风尚。但和玛丽一道游览意大利只是一个短暂的梦，是被尼斯甜美温和的气候以及大海催人入眠的粼粼波光滋养出来的一场看似能减轻妻子痛苦的空想。不久后的 1792 年 1 月 26 日，玛丽在一次坐船出游期间，于耶尔群岛海域油尽灯枯，咽下了最后一口气。

托马斯·格雷厄姆铁了心要把妻子的遗骸运送回国，为此他将遗体密封在一具涂蜡的帆布封壳中，封壳里填充香料，并将其装在一个箱子里。当时法国正处于大革命盛期的动荡岁月，托马斯徒劳地试图租赁一艘双桅帆船，以便离开法国海域，向西班牙驶去，随后或许会再驶向英国。经海路遁走的所有尝试都失败后，他随身带着棺材，走陆路抵达波尔多，并从波尔多前往大西洋海岸，从那里坐船回英国将会更方便。但他在托洛萨（Tolosa）被革命军的巡逻队拦截，并被带到一处封锁区，在那里经历了闻所未闻的场面。托马斯·格雷厄姆是个有钱的外国人，何况还是来自英国这样一个敌对和被人憎恨的国家。因此，革命者发问或假装发问，这个涂了沥青的神秘箱子可能装了什么东西：也许是走私的金子和货币，也许是武器或值得窃取的值钱物事。结果，他们拆开箱子，撕碎涂蜡的帆布封壳。这番亵渎人伦的翻找既细致又残酷，即使在玛丽的遗体前也没有住手。他们怀疑在衣物间可能藏匿着什么东西，于是玛丽的遗体在丈夫震惊的注视下被剥去了衣服。

身为正派的苏格兰人，托马斯·格雷厄姆在大革命爆发以及后来国王被捕期间都未曾掩饰过对法兰西共和国的某种同情，但如今，面对革命者施加于妻子遗体的欺凌，他对自己发誓，要将余生全部用于抗击法国革命。回国后，他在已不复青春年少的四十二岁之龄投身军旅，在西班牙和低地国家的一系列反对法国人的战役中显露勇敢且深孚众望的指挥官和战略家才能。托马斯·格雷厄姆被提拔为将军，并被征召加入威灵顿军营中人数有限的副官圈子。

他与拿破仑军队作战，直至 1814 年和法国的敌对关系终结。回到英国后，将军定居伦敦，但也会常常造访他的产业和苏格兰老宅。在那里发生了一件多年来从未发生过的事情，他注意到在妻子画像中，如此高傲和充满自信的外表下流露出不安的迹象：两颊或许因发烧而产生的红霞，脸庞上做作的圆润，少年人微微的噘嘴，盯着虚空的略不对称的双眼，以及过长的脖子。还有那顶帽子和那件有金属般褶皱的粗硬衣服，似乎紧紧贴着一具人体模型，而非穿在一个活人的身上。他觉得面前的并不是妻子在世时的肖像，而是她身故后的重制品，一个徒具她外形的偶像，一团随时会从帆布上走下来的幻象。被这种情感淹没的托马斯·格雷厄姆受不了再看到这幅画，便命人用一块厚布将它遮起来。或许是因为这一举动，后人并不认为此画有任何价值，将它弃置在地窖的零碎杂物当中。它在 1857 年作为伟大的庚斯博罗的作品偶然地重见天日，并被转交给苏格兰国家画廊，至今仍保存在那里。

《玛丽·庚斯博罗肖像》（1777），庚斯博罗绘。现藏英国伦敦泰特美术馆

# 第八章
# 被卡廖斯特罗引诱的女人

1804 年 12 月访问圣天使堡（Castel Sant'Angelo）期间，她绝对想不到自己会深入当时被认为是真正深渊的地下，只为考察卡廖斯特罗（Cagliostro）曾被关押的斗室。但人们告诉她，那里的几堵墙上仍然涂满了潦草的字迹和晦涩难认、神秘莫测的文字。艾丽莎·冯·德·莱克熟知这门语言和那些法术般的公式，因为她在青年时期曾被这位利用过她的天真以及她对神秘主义的强烈喜好的著名魔法师深深吸引，而且不只是在精神上。他当时带着全副家当定居在库尔兰的米陶（Mittau）[1]。此地属于波兰大公国，从 1795 年起变成俄罗斯的波罗的海行省。他在那里建了一所古埃及秘仪的共济会会馆，当地相当一部分贵族都加入其中。通过秘传的符号和隐微的语言，卡廖斯特罗几乎如同神圣的通灵者一般，他自命为物质现实和精神宇宙之间的中介，似乎他能够通过施行法术超越人类极限，从而抵达无可名状的至高精神世界。

当艾丽莎得以从迷惘天真之时深陷其中的精神奴役中解脱出来

---

1　即今天拉脱维亚叶尔加瓦（Jelgava）。米陶是这座城市的德语名称。

时，她写了一本条理清晰的小册子，并于1787年在柏林出版。在书中，她勇敢地承认了自己的软弱和犯下的错误，怀着摧毁此人的形象，并告诫男男女女提防他的卑鄙阴谋的目的，揭露了这位魔法师的诈术、诡计以及骗局。这本小册子被翻译成多种语言，在启蒙时代最开明的心灵以及半个欧洲范围内最难跻身的精英圈子中，享有难以置信的声誉，因为它除了专门目标，还被诠释为一份针对愈演愈烈的"超自然狂热"的告发信。与此同时，小册子还是摧毁卡廖斯特罗名声的最早的、决定性的冲击。凭借这部著作，艾丽莎·冯·德·莱克的名字被人们口口相传，赢得了广泛的反响。俄罗斯女沙皇叶卡捷琳娜二世甚至慷慨地向她颁发了一笔赏金，以便她能够享有有利的经济独立地位，继续撰写她的作品，揭穿一切形式的迷信和拙劣的神秘主义。

对圣天使堡建筑群的访问发生在这位库尔兰女作家和女诗人长期居留罗马期间。她在1804年至1806年由诗人克里斯托弗·奥古斯特·蒂德格（Christoph August Tidedge）陪同漫游德国和意大利，而圣天使堡建筑群是这趟旅行的重头戏。她在极其年轻的时候和宫廷内侍格奥尔格·马格努斯·冯·德·莱克（Georg Magnus von der Recke）结婚。婚后以及离婚后，艾丽莎酷爱在欧洲各国首都进行连续的旅行和逗留。她利用同父异母的妹妹、库尔兰末代统治者多萝特阿（Dorotea）的名义并受其保护，完成种种外交使命，不断宣传启蒙理想。她也没少在从卡尔斯巴德（Karlsbad）至特普利兹（Toeplitz）的大型温泉城市中逗留。她在特普利兹遇到了贾科莫·卡萨诺瓦（Giacomo Casanova），此后还将和他进行长期的书信往来。

意大利之旅虽不符合通常的文化外交使命，却成为艾丽莎在消遣休整期间反思她的生活哲学以及人类亲如手足理念的契机。这期间诞生了一部情感充沛的旅途摘要，以在各地、每天、每时所详述的日志形式撰写出来。女作家把寻找最宜人气候之旅的主要动机归结为始终被北方严寒威胁的脆弱健康状况，随后在其日记导论中列举了若干主题，这些主题引起她的高度关切，并且根据常规涵盖了各国的自然、景观、古典遗迹、艺术、风俗、宗教、政治派别等。她对天主教的虔敬实践及其仪式，社会阶级，以及除气候以外的政府形式对人民的民族性格尤其是对意大利人性格的影响，都做出了完全个人的观察。在披露了自己的意图后，女作家明确说明了这部日志的理想收件人："我谨将对旅途中触动我的事情的观察，献给那些在学问方面并不比我更精通，在思想中怀着堪称情愫的崇古之心的女性。"最后一句话相当关键，使人得以理解艾丽莎赋予她自己的旅行日志的意义。

这份日志有着双重面貌，一方面，它是一部详尽的导览册，为敏感的女教员们提供了恢宏的古代和近代意大利文明的全貌，从而促进她们的学识养成。比方说，她在那不勒斯建议她们重读古代典籍，因为那里的街道回荡着整部神话中的各种名称。另一方面，这见证了艾丽莎深思熟虑的理性主义意识，然而这一意识却被当时独有的早期感伤主义倾向所稀释。

艾丽莎·冯·德·莱克的旅途日志《穿越德国部分地区和意大利的旅行记》（*Tagebuch einer Reise durch einen Theil Deutschlands und durch Italien*）于1815—1817年出版于柏林，该书代表了晚期启蒙主义文化的典型创造，它逐渐将抽象的理性崇拜抛诸脑后，尽管小心翼翼，但复苏了休眠的，或者说被压抑的对情感的倾听。在德语诸邦，这种复苏得到路德宗的虔敬潮流的支持，借助这一潮流，一种更合乎人性的、凡人亲近耶稣的需求鼓舞了团结一致、善待邻人的倾向。此外，通过这样的情感，内在的生命力，也就是一种心灵的感性震撼被重新发现，它尽管受到理性的制约，却使得人类易于接受最稍纵即逝的日常突发事件，并激发人们对于他人的同情。艾丽莎向卑贱者和低微者敞开心灵，切实关心在路上碰到的偶然但感人的事情或微不足道的凡人故事，这几个特点都在各种场合中被反映出来。艾丽莎和那位"善心的马车夫、真真正正的老好人"在泰拉奇纳差点拥抱的重逢可资佐证。她在一段时间前曾在维罗纳雇用过此人。她说："我们二人都十分高兴能够再次相遇，我们定下来明天要一块儿前行。"这位女旅行者还曾得到一位海关人员的关照，当时她称赞他的家庭其乐融融，堪称楷模。随后在离开亚平宁山间旅店时，她说了一句仿佛从斯特恩的《感伤旅程》（*Sentimental Journey*）中强行摘下来的话："我们满怀富足的精神和满意的心灵离开了彼埃特拉·马拉（Pietra Mala）。"在回程路上她再次遇到那位海关人员，伤心地说："这家人的甜蜜景象将要永远永远地从我心头消失了！"和邻居之间亲切的情感交流在艾丽莎的话语中转变为渴望："要是人们知道，一张开朗热情的脸能给一个在崎岖的路上颠来簸去的可怜旅行者带来多大的喜悦，我觉得我们就会更频繁地和他们打交道了。"这种态度意味着她和一大批壮游旅行者之间存在深刻差异，尤其是那些懒散、自负的英国人，他们习惯于向马车车门外投去轻蔑的目光，并以毫不掩饰的厌恶对待本地人。

在这种全新的陆路旅行方式中，考察对象从包括地方、人的风俗以及意外事件的描述在内的外部世界，摇摆到了旅行者的内心世界，连同她的情绪反应以及情感的表达。这样，这位女旅行者就不仅变成了一面反射周遭世界的镜子，而且还成为一座灯塔，向那个世界投射她自己在爱、同情、机智、忧愁等方面的情绪。一些短暂但不可避免的主观需要会打断旅程的进行，以便临时性地对人生作个小结。对于一个不会任由自己被生活的急流消极地拖着走的人来说，一年中的最后一夜就如同双头的贾诺（Giano）神[1]一般，既盯着前方也回顾过去，此时是颂扬双向互惠之爱的场合。但对于一位始终奔波不停的女性来说，女旅行者总结道，在远离本国、远离一切牢固友谊的情况下，这一宿命之夜只能在本人回忆的陪伴下度过了。在旅行笔记的传统框架下，这些即兴的反思、日常中的意外障碍、始料未及的震惊，连同使之更加丰富的人性关切，将机械罗列的地点和根据发生顺序呈现的事件列表拆卸分解开来。正是从这些情节设置的缝隙和记叙的停顿中产生了一种复杂、晦涩人格的蛛丝马迹，过分刨根问底或粗心大意的目光是看不到这些迹象的。

同样的地形学描述常常掺混了微妙的不安情绪——一种被徒劳地压制的秘密苦闷，呼应历史名胜时不时呈现出来的、让人心烦意乱的场面。在前往罗马（象征古代精神的旅行之城［Reisenstadt］）期间，艾丽莎问自己，为什么古代废墟总是会对心灵施加如此深远的影响，以至于人们可以在拱门和柱头之间奔走好几个小时，沦为神秘法术的俘虏？大理石、立柱、墓上的石碑吸引源源不断的思想洪流，并点燃在异教的庙宇和曾经不可一世的世界支配者的宫殿之间穿梭的想象力。但随后不久，我们会在一座孤零零的基督教教堂内重新发现那些覆盖着苔藓的宏伟文物，它们好像是在哀悼逝去的辉煌。尽管想象力是从真实的场景中获取灵感的，但它仍然倾向于创造货真价实的纪念碑的变形。如果从一定距离之外观看，那么大竞技场的磅礴气势显露无遗。但那些弯弯曲曲地缠绕石柱、几乎要将其淹没在叶片中的藤蔓，那些爬山虎编织成的挂毯和挂在丰盈的

---

1　即古罗马神话中掌握时间的雅努斯神，有两张面孔，象征过去和未来。意大利语作"贾诺"。

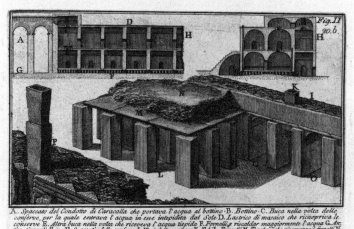

A. Spaccato del Condotto di Caracalla che portava l'acqua al bottino. B. Bottino. C. Buca nella volta delle conserve, per la quale entrava l'acqua in esse intepidita dal Sole. D. Lastrico di mosaico che ricopriva le conserve. E. Altra buca nella volta che riceveva l'acqua tiepida. F. Fornelli p. riscaldar maggiormente l'acqua. G. Antico piano di Roma. H. Spaccato delle conserve. I. Muri delle conserve. K. Tubi. L. Fornelli. M. Tegoloni che ricoprono i fornelli. N. Lastrico grosso p. 2.5 sopra posto ai tegoloni. O. Bocche p. introdurre il fuoco nei fornelli. P. Muro delle conserve in forma più grande.

《卡拉卡拉浴场》（1756），乔凡尼·巴蒂斯塔·皮拉内西绘

垂花饰上的寄生植物枝条，使之成为一种神秘的创造物，一大片层层叠叠生长在半空的森林。大自然似乎重新繁荣并卷土重来，通过吞噬人类最卓越的制造物的方式，提醒他们万事万物都不能长久。在其他一些场合，废墟的情感冲击创造了一些类似格言的精练语句，要么在评论圣天使堡时说"磐石坚硬，不受侵凌"，要么称卡拉卡拉浴场（Terme di Caracalla）"象征整座沦为废墟的城市"。对于女旅行者而言，罗马最吸引人且最独特的东西，在于古典遗迹、中世纪建筑、近代和当代遗存的奇妙混合，以至于当人们徜徉其间时，会轻轻松松、毫无中断地从一个时代跨越到另一个时代："我面前的是值得崇敬的罗马，它那闻名遐迩的河流以及沉默无言的废墟，圣彼得大教堂宏伟的近代圆顶和万神殿的古代圆顶，哈德良的巨大建筑物，以及它后面隐没在绿色中的美第奇别墅。"在和光辉灿烂的过去及其近代遗产持续对话的过程中，日记的描述性和教育

性成分被弱化，并和主观性成分交织在一起，突出了具有前期浪漫主义色彩的情绪反应、理念和情感。

然而，艾丽莎并没有忘记她赋予日志的导览功能，并以所谓的说教意愿的名义，继续考察场所和有代表性的人物。一座像罗马这样的城市，是通过在壮游文学和同样广泛传播的插图中被重新发现的一系列风情画来塑造形态的：书吏随时准备撰写爱情的请愿状和宣言；屠夫身穿白衣，仿佛挥舞祭刀的司祭；伛偻的畸形人在方尖碑脚下向过路人伸出手。艾丽莎将目光从这些类型场面中移开，从而验证了一种鲜明的地质学意识。她主张，要在这座七丘之城远足，不会有不知如何选择的尴尬，因为呈环形分布的山丘本身就会提示人们最佳的路线。她用一种不会让司汤达感到不悦的方式描述笼罩在寂静中的山丘，连同别墅和修道院的高大外墙，以及明亮和出人意料的在乡间角落之间进行的封闭和曲折之旅。

在威尼斯，女旅行者除了惊叹奇伟瑰丽的纪念碑，还被集市广场深深打动。那里陈列着飞禽、水果、鱼类、鲜花、猪肉食品、雪花石膏的花瓶、珠宝，以及一个一个堆在一起，仿佛用来在"全球博览会"中展览一般的自然和艺术产品。身处所有这一切之中，她注意到人和习俗庞杂得不可思议，来来往往的男子，一群一群的乞丐，穿着最新潮服装、由殷勤的贴身男伴陪同的贵妇人，教士，身着制服的军人，还有悠闲的人，懒散的人，好奇的人，正派的人，以及面目可憎的形迹可疑之人。在别的地方和别的时刻，她有可能受到对自然现象及其所引发的反应的好奇心驱使，描写场景的特征。女旅行者在经过阿里恰（Ariccia）后意外撞上一阵暴风，她诉诸自己的感官描述其后果：视觉被凌乱的层云遮蔽，被闪电晃得看不见东西；听觉遭到雷声和震耳欲聋的冰雹爆裂声干扰；嗅觉受困于硫黄的刺鼻气味。"再也看不见远处的东西"，她总结道。随即她想到了触觉，于是补充说："只有马匹的头部似乎碰到了地平线。"
而在别的地方，风光景色变成了环境现状与人类现状的有力象征，
正如她从维苏威火山顶上看到的那样，火山熔岩流过鲜花盛开的田
野，象征着一个能力超群、才智卓绝之士辈出，而且土地肥沃、美
不胜收，却沉沦于十分丑恶的堕落风俗的国度："从那样的高度，"
女旅行者总结，"我为这片失落的天堂发出一声深深的叹息。"

　　和许多其他旅行者即使算不上恶毒但至少心不在焉的视角相
反，意大利人唤醒了艾丽莎的兴趣，并在日志中构成常常出现的声
音。她在伊斯基亚（Ischia）目睹月食这件稀奇事，再一次为她提
供了契机，反思不同人在罕见的自然现象面前表现出来的反应。她
心想，在北方，全食可能会造成非理性的恐慌，而南方人的反应则
全然不同，他们视若无睹，镇静自若。德国农民相信鬼怪显灵，但
在南方，并不存在这样的迷信和恐慌的迹象。或许是明艳的蓝天给
这些地方的居民头脑中注入了宁静，而在天真之人看来，北方的愁
云和惨雾具有鬼魅般的形态。撇开众所周知的迷信不谈，女旅行者
继续说，另一方面是因为新教是在北方各国发展起来，并在那里奠
定了坚实和广泛基础的：在这些国家，占主导的是思考，推理论证
牢牢地占据人心。南方人则深感通过更奔放的情感表达自我的需
求，于是，天主教信仰被人们遵奉，以便顺应感官并培养想象力。
在每年的特定时刻，天主教会的华丽庆典对于外国人有着不折不扣
的吸引力。面对这些庆典，艾丽莎反过来推崇公民美德的信仰。在
目睹了圣彼得教堂举行的一次封圣游行后，她毫不犹豫地主张，她
宁可设立品德高尚之人的追思会取而代之，这样的人杰能够以身作
则，成为人生的楷模。怀着同样的启蒙主义精神，她在乌菲齐美术
馆的名人画像前写道，伟人们因其崇高的心灵和杰出的天分，在我
们眼前就如同人与神之间的中介一般。我们对他们的回忆支持我

们、升华我们，并向我们展示人类灵魂所能够实现的伟业，直到使我们隐约瞥见同样不朽的形象。

尽管艾丽萨避免公开批评天主教，但她在一些文化习惯中仍觉察到不人道的恶习陋俗。当她参加一次典礼时，有位贵族出身的姑娘出家到罗马天主教圣殿里当修女。女旅行者评价道，一位活得好好的虔诚女青年走进某种形式的坟墓中，这一行为残酷、反自然。因为她的心灵是为了爱、母性、友谊才被创造出来的。主祭的教士给俗世的陷阱和危险涂上阴暗的色彩，并以同样强烈的口吻称赞缄默、迟缓、隐逸、完全献身于上帝的生活的幸福。但是，一旦这位少女被剥夺了她的一切才能，女旅行者反思道，就只能践行一种琐碎的、学究式的虔敬，与神圣之爱不相符合，因为上帝没有规定他的创造物必须被禁闭在修道院的四壁之间，在那里面是不可能用事工去崇敬他的。她评论道，不应该允许妇女在四十岁之前出家，因为只有到了这个年纪，女性才经历了世事，而且只有到了这个年纪，随着青年幻想的消散，理性才达到完全的成熟。此外，这些宗教机构应当始终以公共福祉为其目标：教育儿童、关怀病人、照顾老人。只有在这种情况下，贫穷且没有家庭并因此有流落街头之虞的少女才可以被接纳进修道院，以便她们成为世俗教师，而不必非得发愿当修女。这些女子，"尘世不会失去她们，她们也不会失去尘世"。

正如习以为常的那样，就连执行死刑都属于"大环游"期间不容错过的表演之一。艾丽莎在罗马常常旁观对罪犯的处决。出于残忍的巧合，行刑发生在狂欢节的第一天，比欢庆生命之欢乐的典礼要早上几个小时。她的描述是概括性的，没有耽溺于具体的死亡场面，尽管她并未放弃叙述一种虚伪的、冷酷的习俗。在告知犯人处决将临之后，会立刻押送他经过一间小礼拜堂，那里的墙上悬挂着一副真人大小的木制耶稣苦像十字架，能够通过由杠杆和绳索驱动的机械装置动起来，它向犯人伸出双臂，好像在迎接他似的。借助这具自己会动的神像，女旅行者突出了天主教会本身的形象，她认为这是一种枯燥、机械且具有丑恶戏剧性的信仰。

这个国家的反常之处也没有逃过艾丽莎的目光。该国缺乏中产阶级，人民被划分为富有、懒散的贵族和悲惨、无能的平民。由于这个原因，她常常详细描述手艺人的形象，从中展露天才般的激情和对劳动的朴素崇敬。其中一例便是她对一位安装画框的摩德纳工人的造访。此人发明了一种技法，可以将受损的画从原先的帆布转移到尺寸合适、嵌在画框里的新画布上，并且其外形和颜色宛然如新。每天只凭自己的体力度日，不去思考自身命运的人们，并不代表意大利人的民族性格，相反，正是他们生活中的物质和道德的惨状，以及完全缺乏教育的局面导致了这样的结果。"人们徒劳地为一个民族的道德缺失感到惊讶，"女旅行者总结说，"而这个民族太过聪慧，以至于无法想象某种脱离自身处境的权宜之计，哪怕是非法的计策。"此外，人们说意大利人屈服于不受控制的、可能导致暴力的激情，然而，女旅行者继续写道，除了暴力，在他们身上体现出深沉的、纯真的感情。明智的立法、不偏不倚的审判以及经过启蒙的宗教，应当作用于意大利人的这些感情，"使得匕首从他们的手上掉落"，并引导他们崇尚公民美德和奉献精神。

# 第九章
## 言情派的贝德克尔[1]

道别声在马鞭的噼啪、驿车驭手的吆喝、马匹的嘶鸣以及出发的嘈杂之中消散。一般来说，远行有时候让人忧伤，有时候又让人兴奋，取决于人们是怀着希望还是恐惧去看待变幻莫测的命运转折。在柯琳娜的心中，她希望通过意大利半岛之旅来降服命运。她筹划此行，为的是在目睹意大利的壮丽美景后，唤醒来自北方、心灰意冷的内尔维尔爵士对生活的愉悦感受。"我希望您接受和我一同访问罗马，"她怀着使人信服的自信告诉他，"为此我已备好了马匹。我等着您，您这就来吧。"她那有教养的、典雅女性的直觉，擅长利用艺术吸引力和最内在的情感波动之间的隐秘联系。因此，柯琳娜在情根深种的旅行期间，不但描述过去，而且还召唤、激活、叫醒、实体化了过去，其目的是催促、牵连并吸引那位忧郁慵懒的爱人喜欢上自己。她知道，人与人越是互相吸引，就越是会欣赏那些宏伟壮观、与灵魂交言的纪念碑，她还知道，人们需要有

---

1 贝德克尔（Baedeker）是一家创办于 1827 年的德国出版社，以发行旅游导览手册而享誉世界。

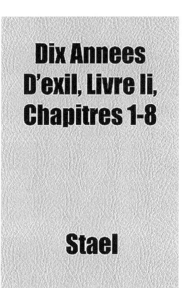

《十年流亡记》封面

《柯琳娜，或意大利》封面

爱情才能为世间一切高贵和美丽的东西感到高兴。规划路线、预先安排歇宿、确定观赏自然景观或浏览艺术作品最佳访问地点的都是她。为了提振旅伴的信心，她不失时机地以他喜爱的对话者身份安抚他，"我不会陷入这个或那个话题；我宁可沉浸于那种印象，能够激发听我说话之人对我的兴趣"。她意识到，他的声音可以发挥神谕般的效力，因为声音在她身上产生了难以压制的热情、超凡脱俗的气息："我感到他对我说的话比我自己还重要。"两位恋人从一开始就得面对彼此差异很大的性格、心态和文化，最终还要挑战背道而驰的命运。柯琳娜是一位英国绅士和一个意大利女人的女儿。父亲去世后，她被打发给后母监护，旋即逃离闭塞的英国乡村。她之所以这么做，是因为深知只有在母亲的国度她才能做回自我，并解放自身创造性的力量。然而，奥斯瓦尔德·内尔维尔的此次意大利之旅并不是逃跑，更不是叛逆之举。他并没有遵照习俗，为了丰富自己的文化或沉迷于任性或激情才去旅行，而是为了照料心灵和身体的健康，如此就能够完成接替父亲以及成为模范公民的义务。借助小说的这两位主人公，自相矛盾的旅行既反叛预定的秩序，又对它加以认可。

德·斯塔尔夫人的小说《柯琳娜，或意大利》（*Corinne ou l'Italie*，1807 年）的开篇极为出人意料，叙述了从弗朗西斯·培根到克劳德·列维–斯特劳斯（Claude Lévi-Strauss）以来四个世纪的旅行主题。"尽管众说纷纭，但旅行是人生中最悲伤的快乐之一"，女作家心中思考着人类变化无常、躁动不安的感觉，于是她写下了这样的开场白[1]。她接着写道，这个事实反映出：每当人们在一座外国城市中感到惬意，这就意味着人们将其当成第二祖国。

---

1　这句话是小说第二章的开场白。

但是，经过陌生的国度，听到难懂的语言，见到和我们的过去、很可能和我们的未来也毫无瓜葛的脸孔，不可避免地会造成孤独和隔离之感，并暴露尊严的缺失，"这是因为，旅行者辗转奔波，仓促抵达无人等候之地，纯粹的好奇心引发内心躁动，凡此种种导致我们无法尊重自己；即使要尊重，至少也要等到新的现实沉淀于我们体内，并创造出某种甜蜜的情丝爱结的时候"。这一页为小说定下了基调，并符合男主人公的心理状态，此外它还弥漫着女作家本人对在流亡状态下的意大利之旅的回忆，以及她本人对背井离乡的抗拒。她在这一页里对生活本身做了一个比喻，显而易见地反映出她无力支配命运为我们准备好的甜言蜜语，无力抗拒一种欲望的引诱。随着抵达目的地，这种欲望注定要退化为格格不入的幻灭感。

她的《十年流亡记》（*Dix annés d'exil*）回忆了自己远离心爱的巴黎、度过漫长的漂泊岁月的经历，在这本书中，从 1804 年到 1810 年有一段空白，这段时间很大程度上对应德·斯塔尔夫人在意大利旅行并致力于以小说形式怀念流亡生涯的时期。这仿佛意味着，女旅行者想要亲身回顾那几年，并通过女卜算者柯琳娜这位假想的替身，以及她的爱情、她的幻灭和她受到天启的预言来升华那段经历。在和同伴交谈的过程中，柯琳娜认为，对于我们身边的壮美和古老之物怀有激情澎湃的亲近感，会使得旅行成为个人重生的动力，这样它就会变得崇高起来。罗马集市上一根破碎的立柱，或者浮雕上的一块碎片，都在提醒我们，人类身上存在神圣的火花，必须在他人身上将其点燃并唤醒。在小说中，这恰恰是柯琳娜打算和奥斯瓦尔德·内尔维尔一起做的事情。

德·斯塔尔夫人和意大利之间的爱既不是毫无阻隔的，更不是汹涌激烈的。她的笔记本上的记录被部分地融入了小说，里面并无迹象显示外国男女旅行者常常流露的那种狂喜的兴奋、对古代的悲悯以及无条件的惊奇。女作家想要往奥斯瓦尔德麻木的情感中灌输第一次同意大利接触后的失望。他在意大利察觉到两种彼此冲突的现实之间难以调和的共存：到处都可以感到一个强盛一时、无所不能的辉煌文明已经死去；而臣服于外国统治，以普遍的道德败坏（女作家在别的地方详述过这点）为其特点的意大利残存下来。

德·斯塔尔夫人于 1804 年 12 月在三名儿女以及他们的家庭教师奥古斯特·威尔海姆·施莱格尔的陪同下从瑞士出发，此后游览了半岛上的几座大城市。她似乎在哪里都能发现证明这个国家广泛流传的形象的东西：驯服、分裂、缺乏雄心壮志、深陷戏剧性的落后当中。她在罗马逗留期间写道，在这座教皇们的城市，人们是如此沉迷于死亡，正如以无穷的形式——地下墓穴、阿庇亚大道（via Appia）沿途、圣彼得大教堂的地底——表现出来的那样，以至于他们难以相信生活。但后来，当她返回自己位于瑞士的住所科佩（Coppet）城堡时，从旅行经历中获得的灵感使她萌生了写作一部具有少年维特特征的小说的念头，这促使她去描绘一个相当不一样的意大利。在回忆过程中，书中的这种意识仿佛逐渐成熟：各地的美景总是会冲淡其中的惆怅和易逝，保留其永久的青春。

在小说的写作过程中，和当时的文化名流的会晤也影响了女作家，例如温琴佐·蒙蒂（Vincenzo Monti），他曾带着尖锐的讽刺口吻，多次提醒她不要过于武断，等到离开意大利时再向"瑞士的悬崖峭壁和勃朗峰的皑皑白雪"吐露她的理由；又或是西蒙德·德·西斯蒙迪（Simonde de Sismondi）和他那未出版的、赞颂城邦时代自由意大利的著作。为此，女作家将第一人称的体验和柯琳娜的假想旅游结合起来，一站一站地重新安排了行程，这段行程既忠实于习俗，同时又向读者发出了极为真实的意大利旅行邀请。她在从半岛远足返回途中写道，她会着手创作一部起到意大利旅行概述作用的小说，这本书将凝聚她的思想和情感。经过记忆的重构，这段宿命之旅在手册和地图的帮助下被整合到一起，显得真实而虚幻，但它又被故事的两位主人公生活其中的浪漫升华和始终不安的氛围笼罩着。德·斯塔尔夫人的意大利就是这样被塑造的，它带有柯琳娜的白日梦特征，只是在后来，当她的爱情故事终结时，才产生了同样不切实际的、冷冰冰的凝滞。

当时的读者立刻就被这本书迷住了，因为女作家使得穿梭于意大利星罗棋布的纪念碑之间的读者成为一段历史的主人公，一位多情且感人的虚构人物。当安娜·詹姆森在佛罗伦萨买到一本《柯琳娜，或意大利》时，她第一时间就称这部小说为一本适合多愁善感的意大利旅行者使用的时髦袖珍手册（vademecum），但她随即又陷入深深的烦恼，因为她发现自己最私密的情感在书页间被一字不差地袒露出来。

被柯琳娜和她的旅行所吸引，意味着发现自己正被一个具有奇妙魔力的地方所诱惑。正如小说标题所提示的那样，柯琳娜是一个地名，她是意大利的人格化体现，苏格兰贵族子弟希望在这个宜人且美妙的国度找回健康。他什么手册都不带就在意大利旅行，而身边有一位活生生的向导，一位用温暖和令人信服的话语向他介绍艺术的愉悦，从而试图让他逃离自己心灵囚笼的灵媒。在旅程的某一段，他承认，只有当他的活向导在身边时他才能感受到大师杰作所引发的兴奋。柯琳娜的意大利实际上被强烈的情感喷发冲击着，意大利从这些情感中被一次次塑造。即使当女主人公以歌德的方式登上钟楼时，尽管她的视野具有启蒙运动的特征，将全景尽收眼底，但是仍然显得缺乏 18 世纪细致入微的风景透视画派的明朗。她没有探索景致，或任由自己被其吸引，而是将自己的情感投射在那里，从而向其托付一生。她的描述式片段缺乏她常常参考的导览手册和旅行记录所沿袭的精练；它们本身带有这样一类人的灵感：他们专注于使得真实的地形学经验契合小说的情感事件以及主人公的内心状态。若干这样的例子出现在逗留罗马时期。此行见证了两位恋人爱情故事的萌发，它始于内尔维尔爵士行走过的圣天使桥。桥上的雕像在月光的映照下化作白色的影子，"死死地盯着已经与她无关的水波和时间的流逝"。字里行间有种多余之感，也就是与无生命之物脱离主题的融合，这是任何旅行者做梦都不会添加进自己日志的东西。在对阿庇亚大道的描述中，其他场合和人物共同创造了一种小说的地形学，它迂回迟缓，像是葬礼上的沉思似的。吸引柯琳娜的不是这条宏伟大道上的石碑或雕像，而是土地，这是因为它抚慰死者，并充满深情地用鲜花和攀援植物覆盖他们，而这些植物从来不会过分远离土地，不会脱离它们似乎想要爱抚的灰烬。和纪念碑的共鸣采用了格言式的口气，仿佛是一段描述的最终概括：两位恋人在访问万神殿的最后，声称异教徒神圣化生命，而基督徒神圣化死亡。

柯琳娜和奥斯瓦尔德的意大利之旅的重点是四段停留，各自具有明确的象征意义，种种事件就是在此期间发展的：罗马目睹爱情在柯琳娜的推动和引导下萌生；那不勒斯见证两位爱人在忘我的、感官的幸福中情感勃发，尽管留下了最初的不祥征兆。在重新逗留于神秘瘟疫肆虐的罗马后，威尼斯成了命运之钟鸣响死亡之声的地方，宣告二人的分离。柯琳娜以悬而未决的方式拖延爱人的出发，她所使用的计策并不奏效，就像想要控制命运的人一样。战火迫使奥斯瓦尔德追赶他自己的部队。他返回苏格兰，事实上且永久地回归父亲预先安排好的秩序当中，包括和父亲为他挑选的、同父亲自己的妻子相似的一位女子结婚。当旅行对这位被遗弃的新狄多[1]来说已经失去了一切意义时，最后一站佛罗伦萨成了悲痛之地、孤独之地、呆滞地漫游之地，以及最后的死亡之地。

在一站和另一站之间，女作家注重提供有关行程和符合传统的中间歇宿地的信息，同时保持旅行的结构稳定和实用性。即使这些次要的歇宿也一次次地担负起象征性意义，它们或是罗马和那不勒斯之间有毒害的彭甸沼地（paludi pontine），以及暗喻着隐患的疟疾；或是逗留于罗马和亚得里亚海之间的洛雷托，柯琳娜在那里向朝觐圣母祷告。类似的、反复的象征意涵突出了所讲述的旅行具有深层的隐喻特征。所有的地点似乎本身即蕴含了生与死、魅惑与威胁的典范，正如攀登游客访问帕尔特诺佩之城时必去的维苏威火山之行所反映的那样。德·斯塔尔夫人为柯琳娜和她的恋人提前设置好的精确的驿站顺序并不会排斥这一点：小说的事件恰恰有助于消除外国旅行者所传述的有关意大利城市的刻板和常见印象，从而强调这些城市的其他面貌和其他氛围。

一个典型例子就是威尼斯。它是旅行的第三站，在柯琳娜看来，此城的景观是排他的、几乎难以理解的，因为在一个认为自己的住处与水共生的人面前，人们别无他法，只能缄口不言。城中占主导的是一种无处不在的疏离感，因为一切都是神秘的：在外国人看来，政府、习俗、风尚、爱情、禁令莫名其妙，于是他们感到自己被排除在外。曾吸引杜·博卡日夫人的偏屋和冲动私奔之城如今消融在潟湖的浓雾中，海丝特·皮奥齐的那座无忧无虑之城也无影无踪，她曾邀请读者把顾虑和马车抛在一边，因为此城既不想了解前者，

---

1 古罗马神话人物，迦太基女王，和英雄埃涅阿斯相恋，后遭遗弃。见维吉尔《埃涅阿斯纪》。

也不想了解后者。远处回荡的三声炮响就像预示未来的宣言一样迎接柯琳娜。实际上，当她问贡多拉船夫这三重炮声有何意义时，她听到对方回答说，在潟湖荒地的下方有座修道院，一位年轻女士在那里出家并弃绝尘世。

在恋人离去、旅行对她来说丧失一切吸引力后，柯琳娜移居佛罗伦萨，她遇到的是一座呈现出粗暴甚至敌意的城市。阿尔诺河反射的黄光酷肖忘川（Lete）[1]的灰色，因为对柯琳娜而言，黯淡的未来只能是苍白过去的鬼魂。在圣十字教堂（Santa Croce）富于浪漫气息的圣坛，她觉得连死人都逐渐失去了警示作用：随着一代代人的传承，他们名字的回响越来越微弱，直至在身后不留下一丝余音。

整个 19 世纪期间，柯琳娜的叙述在一个战略上十分有利的时刻广泛流传。当时，拿破仑的战事阻止了外国旅行者进入意大利，尤其是英国人。结果，这本问世于 1807 年的书不但使得半岛的吸引力连同其澄澈的景观随着封锁的加剧而越发有魅力，而且它本身也被当成旅行的替代品，或者说想象的旅行。为此，柯琳娜化身为言情派的贝德克尔，正如她向奥斯瓦尔德自荐的那样。以旅行形式展开的小说事件引导整整一代人去发现这个国家的古代和近代文明，劝告他们不要局限于先入之见，不要无视历史的和环境的状况。对于旅行方面的权威弗朗西丝·特罗洛普来说，造访罗马的姑娘们把《柯琳娜，或意大利》当成她们的袖珍手册，因为目睹柯琳娜见过的一切是她们的首要愿望。亨利·詹姆斯使得该书成为《罗德里克·赫德森》（*Roderick Hudson*）的两位主人公的心灵向导，他俩贪婪地翻阅这本书，据此规划他们的旅行。小说开头柯琳娜和意

---

1　希腊神话中冥界的一条河流，亡魂喝下此水就会忘却前尘往事。

大利合二为一的处理，在其结尾处又被重新提了出来：这两个实体彼此互为镜像，两者都英勇而不幸。这场爱情故事戏剧性结局的见证人卡斯特尔福泰（Castelforte）[1]亲王在垂死的柯琳娜身边承认了这点，再现他在坎皮多利奥加冕时曾描述过她的话："你们看看她，她是我们美好的意大利的缩影，仿佛是过去的倒影和未来的预言。"在小说的虚构中，柯琳娜的人生持续了一段旅行的时间，这样就赋予旅行一种绝对的价值，使之成为生活的隐喻。

---

1　地名，在今天意大利拉齐奥省的南部。

# 第十章
## 女旅行者们的神谕

　　玛丽安娜·斯塔克的人生具有小说特征，但并不因此掩盖一位首屈一指、才华横溢、有条不紊、小心谨慎、高效、现代的职业人士的声誉。她是萨里郡人，一位担任马德拉斯（Madras）圣乔治堡商站总管的东印度公司官僚的女儿。她在印度度过了青少年时期。英国最重要的殖民领地的异国风俗、历史、传奇在她身上沉淀，在她创作的一些舞台剧中起到了背景作用。这些剧作在伦敦取得了一些成功，其中有《和平之剑》（*The Sword of Peace*）和《马拉巴尔的寡妇》（*The Widow of Malabar*）。正如当时的惯例，她在1791 年与父母和一个姐妹一起前往意大利，而她的这三位家人全都患有胸病。他们在那里逗留至 1798 年。此行在她的戏剧创作和文学生涯中似乎是一次长久的停顿，成为职业生命的关键转折。

　　1800 年，在经过细致的编订后，她出版了《来自意大利的信》，该书以传统的假托书信体的形式写成，包括以特别方式撰写的教导，目标读者是所有无力按照最殷实的旅行者的习惯雇用干杂活的信使或开路客（avant-courier）的人，尤其是病人和没有仆人的家庭团体。与此同时，书中阐明了一种新的旅行观念，和传统贵族壮游的精英

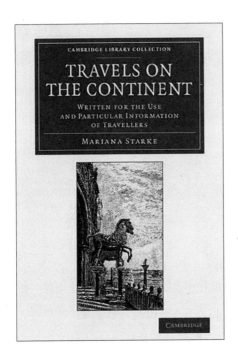

《欧陆旅行记》封面

式、常常匪夷所思的个人主义格格不入。同时，此书是一部不折不扣的大小城市、艺术作品、人民风俗的导览册，也自然而然地介绍路线、街道、客栈，以及包括罗马在内的意大利中部城市的各种店铺。不过，她早已将气候甜美温和的比萨作为赖以依托的大本营，她把康复中的家人留在那里定居。她的父亲日后将在此地离世。她自己则继续她的巡游。有鉴于此，这本书构成了一部变化中的作品的原创核心部分。随着一次又一次的旅行以及各种后续版本，这本书最终演变为《欧陆旅行记》（*Travels on the Continent*，1820 年），它涵盖了几乎所有欧洲国家，尽管对意大利保留了独有的青睐。玛丽安娜·斯塔克的著作享有非凡的、即刻的成功，在欧洲各国涌现的多种名噪一时的版本就能证明这一点，比如巴黎著名出版社伽里尼亚尼（Galignani）的版本，以及不少盗版。

女作家的长处在于，她充分感知到旅行者的类型学、他们的需求和期待，以及传统欧陆环游的践行方式中正在发生的改变，尤其是在复辟时期后崭露头角的新兴阶级。旅行的主角如今主要是出身资产阶级的人士，他们和有自己的仆从和职业信使相伴的贵族不同，在考察各个城市中值得游览的纪念碑之前，需要弄清关于行程的说明和提示、所乘坐的公共交通工具、驿站分布和常规价格，以及在千差万别的局面下如何摆脱困境。根据玛丽安娜的观点，就东道国而言，参与欧陆旅行的人数的显著增长应归功于各种因素——从接待设施的发展到道路变得更加安全。后一项因素表现在更舒适的新线路、新建的桥梁，以及更高效的驿站体系。在逐渐配备公共照明、许多街道得到拓宽后，城市也具有了更令人安心的面貌。一度得用骡子、雪橇和担架才能翻越的阿尔卑斯山，如今由能够牵引沉重的轿式马车的公共驿传设施相对轻松地克服。

　　女作家著作的另一项特征是在18和19世纪的关键过渡期向意大利和混乱的政局投去的审慎目光。这一局面严重地干扰人们自由、安全地开展旅行。她在一个特别动荡且英国人被充满怀疑地看待的时刻，将自己的居所安置在托斯卡纳。实际上，当时是法国人占领利沃诺并煽动佛罗伦萨人起义反对大公的时期。玛丽安娜·斯塔克在1797年3月和1798年2月身处罗马，当时教皇国政府已被颠覆。她一反外国旅行者不插手意大利事务的传统，声称自己有意对正在发生的事态发表评判。"我想要对这些事件提交一份简短的报告，"她评论道，"因为只有身处现场的人才能详细提供。"随着拿破仑的横空出世，用她的话说，法国公民沉迷于美妙的许诺，同时又被名为自由的虚幻魅影晃得睁不开眼。随着这面旗帜到处挥舞，大革命的基本理念让法国人看不清那个正挥师肆虐整个欧洲和近东之人的真实意图。

不管是个人还是团体，宁可求助于车夫驾驶的马车和公共交通工具也不乘坐私人车辆，这种旅行的新理念验证了意大利壮游之旅的变迁，其行程倾向于增加路线、超越传统的半岛行程并探索新的领域。玛丽安娜主张，为了获得更大的行动自由，更为可取的做法是求助马车夫，因为他们有值得信赖的马匹，也因为他们有能力提前安排在外过夜和歇息休整。旅行的这一新意十足的性质和女作家的活动互相结合，她将自己的信息建立在个人经历和准确验证之上，遵循一种从教育养成之旅的源头起就具有英国式务实精神的运行模式。她强调，她的游记除了记录城市、介绍欧洲的驿传道路之外，也在纳尔迪尼（Nardini）、维努蒂（Venuti）、温克尔曼和维斯孔蒂（Visconti）的评价基础上，记载最重要的古迹、建筑、绘画和雕塑典范。她通过用一个或多个感叹号来标记艺术品价值的方式，预示了一套有信誉的旅游手册所采用的星号和五角星评价体系。

此外，抛弃矫揉造作的意大利形象也是她新颖的职业眼光的一部分，她不再认为这个国家浪漫、诱人但危机四伏，以及在当时背景下频频遭受革命浪潮的冲击。实际上，她断言外国人可以很安全地行走在意大利的大街上，还能在阿尔卑斯山和亚平宁山最隐蔽的山谷中历险，不用冒陷入人山人海或遭匪徒抢劫的风险。她雄辩有力地谴责外国人对那不勒斯人的习惯性看法：穷人被判定为狡诈、贪婪、丑恶、残酷之徒，富人则放荡、无知、报复心强。这样的评价是虚假和狭隘的，因为在帕尔特诺佩城，普通人看上去平易近人、勤勤恳恳、慈眉善目，尽管性格冲动，却很喜欢用玩笑话平息怒火。这位女旅行者的双眼敏锐、专注、毫无偏见，同时超然且勤勉，能够把各处地方当成可以被完美编成目录的艺术和历史的凝结与积淀来看待，以至于在别的场合可能被称为精明的殖民者视角。

无论如何，可以说她的书构成了近代旅游导览的雏形。简言之，不管是约翰·穆雷（John Murray）的以《旅行者手册》（*Handbook for Trevellers*）为名、从 1836 年起问世的红色导览系列，还是在早些时候（1827 年）出版的、贝德克尔男爵的最初的简明导览册，都是建立在该书基础上的。

她的最后一卷作品——1828 年的《欧陆旅行记》（*Travels in Europe for the Use of Travellers on the Continent*），收录了几乎全部经过检验的路线，该书最地道之处在于其专门论述实地旅行的部分，通过这一部分，人们亲身接触到 19 世纪上半叶的旅行方式：当时的旅行者必须提前安排所有途中所需的东西，并亲自应付各种类型的义务、疲劳、事故、不适、耽搁、麻烦和不便。在这个意义上，玛丽安娜·斯塔克关于背囊、行李、服装、药品、武器、钱币，以及有关跋山涉水的日常方面的段落，突出了越来越多的中产阶级旅行者——殷实的家庭、学校女教师、大腹便便的教士、穿着花呢上衣的资产者——日复一日地面临的义务、疲劳和灾祸，而以往的游记对此则缄口不言。这样的静默在传统上被归咎于文学惯例，认为类似信息低俗、乏味、琐碎，但也被归咎于这些新兴的男女旅行者仿冒一种事实上不属于他们的社会地位的做法。在 19 世纪 20 年代，玛格丽特·布莱辛顿仍可以维持上个世纪贵族女旅行者的派头，乘坐阔气和有缓震功能的马车，在仆人和专业信使的簇拥下奢华地行进在半岛的街道上，而其他许多人，从多愁善感的安娜·詹姆森，到不安分的玛丽·雪莱，就必须操心旅行的一切现实方面，懂得如何亲自摆脱困境。因此，除了玛丽安娜·斯塔克给启程上路的女性们提供的条分缕析、简洁且客观的导览手册雏形之外，正是她关于现实旅行的信息，近距离地强调了最合适的应对方法，使得已经达成的行动自由和心心念念、期待已久的半岛之趣尽可能少地遭遇困难和麻烦。

在详细叙述了发放护照、领事推荐信以及信用证有关的义务后，玛丽安娜·斯塔克列举了远游之人应当置办的物品和日常用具，"此类物品不但对所有人都有用，甚至对病人也不可或缺"。这些东西是不折不扣的全件套，多多少少具有同质性，有了它们，马车和客栈的生活便在我们眼底下具体起来。它们包括绵羊皮或小鹿皮的被褥、枕头、棉床单，用于大门和写字台的万能锁、火帽盒、手提灯笼、桌布、餐巾、银茶壶、餐具，袖珍刀具、折刀、剃刀、手枪，羽毛笔、胶带、骨柄、针、线、簪子。对衣物给予了特殊的关注，从轻便的袜子到厚重的袜子、靴子和防大理石地板严寒的双层鞋子，再到毛皮斗篷、旅途用披风和兜帽。随后细致地描述了便携配药以及提前包装好的药品，例如"伦敦和爱丁堡药箱"（London & Edinburgh Dispensary）或"万灵药箱"，在这些东西之外还必须加上体温计、小秤、滴管、带捣槌的玻璃研钵、滑石粉、碳酸铵、硫酸、鸦片、阿片酊、吐根、吐酒石、甘汞、稀硫酸、洗涤用香精、硝石、锑酒、碳酸氢盐、奎宁。不应忘记的是，在她的读者中，有些是胸病患者和残疾人，书的标题暗示了这批人，而作者对他们的遭遇感同身受。她为这些人保留了各式各样的建议，比如从海上前往意大利更为可取，绕过直布罗陀海峡，随后登陆利沃诺；步行时应始终在触手可及的距离内携带遮阳伞；在任何地方都选择街道靠阴凉的一侧；一旦北风呼啸，无论如何都不要外出，因为这个国家虽然引人入胜，但不乏潜在的危险。

随后还有一些针对坐得起私人马车的旅客的特别提示，这样的马车肯定配有经过检验的减震弹簧、覆盖皮革的下撑索带[1]、铁制车轴、结实的车轮、粗大的减摩装置、挂钩链、刹车制动闸。在每一种情况中都优先选择由威斯特敏斯特路上的埃利奥特和霍尔布鲁克车行生产的不带悬架皮带的马车，因为它特别适应欧陆的道路。这种车厢被悬挂在电报机式样的弹簧上，不容易像其他车辆那样因弹力过强而翻倒。朗埃克大街（Long Acre）皇后巷的伦敦人萨瓦奇是最好的工匠，他能装配任何种类的长途旅行车辆。无论如何，每辆车都必须配备一只小匣子，里面装有方便维修、拆卸和重新安装马车的枢轴、钉子、螺栓和器材，当车辆在阿尔卑斯山口被骡子拖拉着前进或被运上渡轮的时候，就能派上用处。这个小匣子呈旅行箱的形状，用锁锁住，可以悬挂在后边的车轴上。车厢顶层不得超载，不得装载两只以上的普通大小旅行箱，而较大的那只应当放在前部。车灯必须明显地配备烛火。百叶窗应以能从里面垂下的方式制作而成，而车门则以能用钥匙从外面锁上为宜。总的来说，一辆保养妥当的二手马车比新车更完善。

　　玛丽安娜最后建议那些在驿站旅社住宿的人用薰衣草水清洁床铺，以便驱赶臭虫和跳蚤。在一只玻璃水瓶中倒入五滴硫酸，能够让杂质沉淀于底部，这样使得水可以饮用。二十滴稀释过的硫酸也可以达到类似的效果。为了在漫长的旅途中保持健康，应当避免好几个小时都坐在马车里。假如人们是利用驿传系统旅行的，就要在换马的间隙抓住机会走动。当带着马车夫旅行的时候，不妨徒步登高。她随后补充说，旅行者在踏入一家客栈前，始终应当和店主洽谈伙食和住宿的价格，这一规则也适用于和马车夫达成交易的时

---

1　"下撑索带"原文为法语 sous-soupentes，意义不详。疑为 19 世纪马车上用来支撑车身、减弱颠簸的绳索。

候。用自己的马车行经法国和瑞士旅行的人们不用害怕海关人员带来的特殊干扰。在意大利，除那不勒斯王国之外，从一个邦前往另一个邦时避免障碍和耽搁的最好办法是带上打过铅印的行李，并给海关人员塞上几个钱。在那不勒斯则完全是另一回事，就像人们说的那样，在那里得准备好给车轮抹油[1]。

玛丽安娜·斯塔克用她自己身为女性旅行者的例子，隐晦地自居为所有那些视旅行为得到解放而不只是丰富文化者的榜样。此外，和其他女性不同，她在叙述中从不把自己当成一个除了要应付旅行的不测，还得面对千差万别的民族和文化的人，这个事实不但揭示了她后天的、完整的自身权利意识，而且也反映了她承认这些权利并宣扬它们的坚定意志。忠于自己近代旅行导览手册缔造者这一志业的玛丽安娜·斯塔克，在准备最后一次离开意大利之际于米兰去世。她曾多次游览过这个国家，并细致入微地描述其城市、博物馆和艺术品，她也专门描述旅店、客栈、沿途的公共马车，并为求助于她的解说和宝贵建议的日益庞大的男女旅行者队伍记录下行程的价格、距离和时长。

---

1　"给车轮抹油"是原文 ungere le ruote 的字面直译，动词 ungere 一词双关，既有涂油的意思，又引申为行贿。

# 第十一章
## 蜗牛的斑斓轨迹

　　1803 年 6 月 1 日，当一位来自巴黎的信使上气不接下气地赶来向驻佛罗伦萨的法国大使通报消息，称英法之间开始敌对，而陛下的臣民被禁止离开意大利，整个英国人社区陷入了恐慌之中。千差万别的猜测口口相传：有人觉得最富有的那批人会被扣押，以便换取赎金；有人认为在利沃诺建了拘禁营；有人担心会被大规模遣送至法国。所有人都痴狂地想要回到本国，像发疯的蚂蚁似的兜圈子，猛敲客栈、旅店、宫殿、别墅的大门，以便了解本国同胞打算做些什么。蒙特·卡希尔（Mount Cashell）伯爵夫妇属于少数仍保持一定程度镇静的人，他们决定搬到罗马，因为考虑到伯爵夫人和罹患麻疹的儿子糟糕的健康状况，要进行一趟漫长而危险的旅程是不可能的。和他们一道旅行过几年的凯瑟琳·威尔莫特（Catherine Wilmot）则作出了不一样的选择，尽管心不甘情不愿，但她仍决定加入克利福德太太的家庭，她在那不勒斯邂逅这位朋友，并和她一起到了威尼斯。他们从那里继续前往维也纳、德累斯顿、柏林、吕贝克，以便避开法国和低地国家，并通过丹麦的胡苏姆（Husum）港抵达英国。小小的浮码头上不可思议地挤满了本国人，他们和她一样，也由此取道回国。她在其中遇到了贝里姐妹。尽管始料未及，但她实现了根据萧条已久的古老贵族习俗进行的完整欧陆环游，不但在目的上是这样，而且在空间和时间上也是如此。对于凯瑟琳而言，从威尼斯往后的经历实际上是一趟开足马力且必定心烦意乱的回国之旅。

凯瑟琳·威尔莫特是爱尔兰劳斯郡（Louth）德罗赫达（Drogheda）港口和海关负责人的长女。1801 年，凯瑟琳二十九岁，尚未婚配，且享有一小笔收入，能保障她相对独立。她接受了住在附近莫尔花园宅邸的斯蒂芬和玛格丽特·蒙特·卡希尔伯爵夫妇的邀请，一同进行为期两年的法国和意大利之旅。不少英国贵族利用《亚眠条约》签订后的和平，正在打算横渡英吉利海峡，到一个十年来禁止他们入境的国家。禁令始自大革命爆发，贯穿拿破仑战事的整个初期阶段。尽管维持了自身的独立性，凯瑟琳还是和旅伴们一起承担了撰写旅途日记的任务，其标题《一位爱尔兰贵族在欧陆》（An Irish Peer on the Continent）显示，日记实际上是题献给蒙特·卡希尔伯爵的，即使不是受他委托的话。非常有可能的是，一同旅行的邀请是他的妻子玛格丽特的友谊和尊重的产物，她是一位文雅、好胜、坚强的女性，从小时候起就由玛丽·沃斯通克拉夫特担任家庭女教师。她从《女权辩护》的作者[1]那里继承了突出的独立精神、对一切形式的专制主义的反对，以及对共和制的同情。

凯瑟琳准备动笔的这部日记采取了寄给她兄弟的书信形式，从手抄本空白页上的一则手写注释可以体会到其冷嘲热讽的不寻常笔

---

1　即玛丽·沃斯通克拉夫特，也就是玛丽·雪莱的母亲。这部重要的女性主义著作问世于 1792 年，该书的完整标题为《女权辩护》（A Vindication of the Rights of Women）。

《玛丽·沃斯通克拉夫特像》（1790—1791），约翰·奥佩绘

调。她在注释中说自己越来越想记载那些发生的事情，以便"从我在这些篇章中留下的半透明轨迹中，人们可以知道我像一只蜗牛似的爬行去了哪些地方"。在旅行文学中，无论公共还是私人，都不容易找到类似的自嘲和戏谑的旁注，也少有像描写登陆法国后的加莱海关官员那样毫无顾忌的说明，他们"把手伸进我们的口袋，开始摸我们的腰胯，一直往下摸到脚脖子，只为瞧瞧我们是否有什么违禁品"。从出发的一刻起，机敏和锐利的目光就投向了小小队列中的两辆马车，以及驿站马车夫那甩得噼啪作响、通知别人他抵达城市的马鞭。在驿站旅店跟前，后者常常会带着得意扬扬的眼神，从一直被固定在马镫上、有待更换的巨大长筒靴中一跃而起。蒙

特·卡希尔一家雇用的信差是个魅力无穷的人物，受到人们充满喜爱和感激的对待。此人曾在意大利战事期间在部队里打过仗，故而对法国和意大利半岛的道路了如指掌。没有一个人有他的勇气和才干，凯瑟琳写道，他忍受饥饿、严寒和缺少睡眠，却一点也不流露出来。这位有经验的骑士凭借其独特的气质，展现出性格的和蔼可亲以及举止的温文尔雅，在旅行者常常面临的不测和冒险处境中，这些品格使他成为不可取代之人。

那双机敏准确、善于捕捉重要细节的眼睛同样描绘了具有潜在漫画倾向的人物肖像。在蒙特·卡希尔夫妇和两个子女及四个仆人——"法国领土上的爱尔兰冒险家"——逗留巴黎的整整九个月中，官员、外交家、贵族、艺术家的形象都被凯瑟琳的笔固定了下来，她写出了他们的独特面貌、自发的以及惯常的仪态。她本人从在法国醒来的第一天起就不曾回避这种语带讥诮的文笔，说自己觉得受到一种神秘变形感的支配，以至于从晚上起就摘下脑袋上的平顶无边便帽，以便瞧瞧它是不是会变成红色的弗里吉亚帽[1]。

在描绘后革命时期的巴黎的若干肖像中，有一幅属于当时担任第一执政的拿破仑。女作家设法从杜伊勒里宫的一扇窗子观察他，当时他正骑着一匹白马经过，检阅排列得毫无瑕疵的部队。官方场合容不得习惯性的讽刺，凯瑟琳就像同时期的玛丽·贝里那样，仅限于指出波拿巴的身材特别矮小、面容灰白无血色、表情肃穆，而在随后的宴会环境中，她对他讨人喜欢的微笑和文雅绅士的气度感到惊讶。

塔列朗所受的待遇则大相径庭，凯瑟琳是在一次由美国大使筹备的接待会上遇到他的。从远处望过去，他那张苍白和平坦的大脸

---

1 弗里吉亚帽在法国大革命时期象征自由和解放。

看上去就像是奶酪，但一凑近细看，他那滑头滑脑、诡计多端的神情就会给人留下深刻印象。这位外交家就像一只吃不饱的鸬鹚，狼吞虎咽了两个多小时，吃下数不胜数的菜肴，在间歇时也不让嘴巴停下来，将一整盘新鲜洋蓟一扫而空。

凯瑟琳描绘的罗伯斯庇尔的狂热追随者、寄宿于卢浮宫的雅克－路易·大卫让人十分难忘。凯瑟琳从这位画家为大恐怖受害者所作的草图中得到灵感，她说大卫和他的朋友罗伯斯庇尔在经历一次谋杀后被押到断头台时的样子肯定没什么不同。大卫的嘴是如此歪斜，以至于占去了脸颊的位置，把下颚和他所有的牙齿都暴露了出来，而这副吓人的怪相赋予他一种嗜血者的可怕特征。

相反，她的托马斯·潘恩[1]肖像充满同情，此人是美国革命的风云人物，他在回到英国后，随着《论人的权利》（*The Rights of Man*）的出版被迫流亡法国。凯瑟琳和玛格丽特在城市最偏远郊区的一栋阁楼里找到他，而被收养来的子女围住的潘恩发扬新大陆的务实精神，正在专心致志地搭建他发明的一座微缩桥梁模型，并研究如何预防潮湿的室内环境。面孔因为酗饮而红彤彤的潘恩是人们所能想象到的最肮脏、最不修边幅的人，但他却穿上一件干净的衬衫向来宾致敬。

在凯瑟琳借助蒙特·卡希尔一家的地位和人脉而得以面见的众多第一流人物当中还有马塞纳（Massena）将军，"一个十足的强盗"，他曾掠夺过意大利最价值连城的珍宝。在城市中散步期间，她已经注意到，掳获的艺术品被安置在荒唐的位置：圣马可的骏马[2]被当

---

1　托马斯·潘恩（Thomas Paine，1737—1809），英裔美国政治家、革命家。
2　即位于威尼斯圣马可广场上的四匹青铜骏马。它们于 1797 年被拿破仑强迁至巴黎，1815 年归还威尼斯。它们本身是威尼斯在 1204 年从君士坦丁堡夺取的战利品。

作看门兽摆在杜伊勒里宫的栅栏处，观景殿的阿波罗作为战利品被耀武扬威地带走，而美第奇的维纳斯则不知所终。女旅行者总结说，这类艺术品就好像被赶出祖源地，被强行转运到陌生的、极端不适处境中的贵族移民。

尊贵雄伟的巴黎除了是被盗的艺术品之城和外交之城，也是一座遍布狭窄、肮脏、声名狼藉小巷的迷宫城市。凯瑟琳在玛格丽特的陪伴下造访了那里。两位女士从伯爵的监护下溜出来，跑到最悲惨的地方去"管闲事"，例如卡巴莱舞厅、咖啡馆、廉价的儿童戏剧、驯狗和驯熊演出、木偶表演、江湖骗子、魔术师、小偷、妓女、违法乱纪的帮派，这是所有展现出最典型、最残酷的人类性格的地方和人物的天下。此行并不只为体验冒险的战栗，并研究贫困堕落街区生动、广泛的概貌，而且也是为了和旅行者们普遍忽略或删去的现实建立接触，尽管为时甚短。凯瑟琳多次承认自己引起仆人的羡慕，因为她设法熟悉了普通人的习惯和风俗，这是一次上流人士不会被允许获得的机会。

在意大利旅行意味着翻越阿尔卑斯山，至少对于心里想着斯威夫特的凯瑟琳来说，这个问题与积雪的小径、狼群、挑山工和粗脖子女人无关，而是意味着，该如何熟练掌握大人国的语言，才能讲述面前辽阔无垠的大地；也意味着在好几天时间里被困于亚平宁山脉的峡谷间，所乘坐的微不足道的马车像一叶扁舟似的在风暴中被刮得砰砰响。但对女旅行者来说，单单在半岛逗留数月这个念头就足以成为一道唤起她最美好愿景的护身符。

在佛罗伦萨，她似乎开创了一种新的写作方式，怀着讽刺的快乐罗列一长串艺术品，仿佛想要披露在这个奇观之国很难不晕头转向。她在抵达后不久就写道，这是一座只需迈上几步就能偶遇维纳斯们、阿波罗们、伽倪墨德[1]们、有翅膀的墨丘利们、赫拉克勒斯们、勒达[2]们、巴库斯们、法厄同[3]们、缪斯们、涅瑞伊德[4]们、密涅瓦们[5]的城市，这些最优秀艺术家的作品似乎变成了活物，它们运动起来，对着街上的每个角落说话。她在访问乌菲齐美术馆的时候也必定记录了戏剧性的、无法辩解的残损，那里是一副凄凉的光景，著名的八角形大厅特里布纳的柱脚上缺了她不久前在巴黎观赏过的雕像。此外，活生生的人们践行着自己的习俗和风尚，而佛罗伦萨本身为她提供了思考贴身男伴这个群体的机会，这类人以不同的方式引起许多女旅行者心照不宣的好奇心。凯瑟琳没有作出道德说教的评价，而且她仅限于强调他们的职能具有模棱两可的多样性。她说，在多数情况下贴身男伴可以被视作情人，而在别的情况下则是贵妇的守护人和方便的卫士：为她跑腿投递书信，给她披上披巾，并陪她从一处房子前往另一处。她描述自己在佛罗伦萨遇到的人物时，保持着她惯用的漫画式风格，只不过语气上没那么咄咄逼人。维多利奥·阿尔菲耶里便是一例，凯瑟琳描写他摆出悲剧英雄的愤懑姿势，紧闭着嘴，靠在壁炉旁站立着。

女旅行者尊重游记的传统套路，但别出心裁，写得具有绝对的独创性，比如她说自己没能望见圣彼得大教堂的圆顶，尽管在快到罗马时曾费尽力气地找寻其轮廓，原因是一条条雨溪流淌在马车的玻璃窗上。在博尔盖塞别墅，她再一次任由自己沉迷于胪列枚举的

1　伽倪墨德，希腊神话中的美少年，因美貌而被宙斯劫走。

2　勒达，美女海伦的母亲，宙斯曾化作天鹅与其相会，因此成为中世纪和近代常见的艺术题材。

3　法厄同，太阳神之子，因妄驾太阳车失控，被宙斯击杀。

4　涅瑞伊德，希腊神话中的海洋仙女，共有五十人。

5　原文列举的这些神话人物都以复数形式出现，暗示佛罗伦萨造型艺术之繁荣发达。

风格，讲述该馆的展室争先恐后地将地道的珍品呈现到眼前。首先是《阿波罗与达芙妮》，位于第三展厅中央，达芙妮在试图逃避阿波罗时化作了一棵月桂树；接着是在浴室中割腕流血的塞内卡，卡斯托耳和波鲁克斯（Castore e Polluce）[1]，垂死的角斗士，爱神与普绪刻；随后还有一大堆难以辨认的古埃及偶像、人头马身怪、斯芬克斯、美惠三女神、酒神的女祭司；各种那喀索斯、维纳斯、石棺、罗马皇帝，埃涅阿斯背着安奇塞斯的仿制品[2]、花瓶、神像、鳄鱼、伽倪墨德，等等。似乎是要为这场不加区分的阅兵式辩解，她总结说，在访客眼前舞动的无限庞杂的展品是永远都描写不完的。由于目睹了所有种类的雕像，她害怕早晚会发现自己变成一尊大理石像，直至审判日的那天。

值得纪念的会面包括了和安杰丽卡·考夫曼以及教皇庇护七世的晤谈，二人都被友善地还原了本来面目，没有夹带习以为常的嘲讽。而对德里郡主教布里斯托尔爵士的描述就不是这样了。他在罗马的住所是不折不扣的艺术品展览会。凯瑟琳把他写成是近代艺术家的慷慨赞助人，他让这些艺术家画他的妻子，画像的数目就如维纳斯像那样多，接着把画挂满整个房子。

随后，当她将这座城市当成整体来思考时，她写道，她觉得自己不断地从一个时代穿越到另一个时代，从异教穿越到基督教，从朱庇特穿越到耶稣受难，从英雄穿越到圣徒，从莱亚·西尔维娅（Rea Silvia）[3]穿越到童贞女马利亚，从万神殿穿越到圣彼得教堂。在凯

---

1 希腊神话英雄，参加过金羊毛远征。二人的名字分别是双子座的北河二和北河三的由来。
2 埃涅阿斯是罗马人的神话祖先，他在特洛伊被攻破的晚上背着父亲安奇塞斯出逃。贝尔尼尼以此主题创作的著名雕塑是博尔盖塞镇馆之宝之一。
3 罗马的传说创始人罗慕路斯和勒莫的母亲。

《玛丽·雪莱像》（1840），理查德·罗斯维尔绘

瑟琳·威尔莫特的日志中令人印象深刻而又十分好玩的地方在于，旅行常常被转化为一场整体的解构和重构的游戏，并将不同历史时期投射在同时发生的平面上，这些时期的观念、魅力十足的人物及其准则似乎在永久的重生中彼此混杂了。如果斯威夫特为了突出那些我们通常看不到的层面而求助于小人国和大人国的语言的话，那么凯瑟琳就玩弄用来横插在自我和现实之间的屏障，从而利用混乱的列举法来讥笑任何把我们身边的东西理性地、有秩序地分类的尝试。

在那不勒斯，整座城市都让这位女旅行者痴迷，她坦言自己无力给一连串看不到头的火山、国王和王后、假面舞会、被埋葬的城市、即兴艺人、维吉尔墓、狗死洞（grotte del cane）、硫气孔、舞会、教堂、堡垒、港湾、亲王和亲王夫人、街头卖艺者、修女、剧院、嘉布遣会修士、地下墓穴、圣迹剧和其他许多在旅行者心目中堆积的景象排顺序。在这种乱糟糟和不相容的大杂烩中，人们察觉到她在无所顾忌地影射某一类游记，它们自诩为发现一座城市以及背景环境的导览册，但就其性质而言却无视任何系统性的描述。在不少场合，这位女旅行者似乎力求实现一种纪录片式的意图。比如，她说维苏威火山的山口表面呈暗绿色，带有硫黄喷发的淡黄色条纹，似乎很不安分，就好像风暴中的海浪。山的两边冒出卷毛状的烟雾，让空气变得难以呼吸。但这些文字间潜伏着玩花招的动机。实际上，她随后立刻承认，任何突如其来的喷发都无法让她从书写一封关于自己正在经历之事的信件上分心，哪怕火山能把她像一团烟火似的送上天去，或在她脚底下裂开一片炽热的熔岩之海。除了无穷的多样性，那不勒斯是一座繁盛、显赫、豪华、奢侈的城市。贵族夫人就这样一下子脱颖而出，她们如此拼命地卖弄钻石，以至于它们就像布满繁星的星座一般熠熠生辉。甚至她们裙子的边缘都镶嵌着钻石，就如同衣服的流苏；颈环、项链、三重冕、发网、梳子、云鬓，所有东西上都缀满宝石，以至于谁瞧上一眼就会立刻眼花。那不勒斯的贵妇在仪态方面也殚精竭虑、争奇斗艳，她们习惯于以亲吻脸颊的方式互相问候，啧啧声响彻整个大厅。并不奇怪的是，随着登上社交金字塔的顶峰，漫画笔法也越来越尖刻。卡洛琳娜王后给她的印象是威严和不雅，一门心思到处走来走去，还叫人把她的鸡都赶到一块儿，"活像一个呶呶叫唤的农妇"，而非尊贵的王后。国王看上去像一头长得毫无节制的驴，尽管不乏端庄的举止，但他的脸却暴露出明显的愚钝，而最粗俗的荒淫无耻占据了他最突出的特征。

凯瑟琳·威尔莫特再一次设法在全新的、不一样的周遭背景中运用她锐利的目光和类似荷加斯 [1] 的刻刀一般的笔触。回国后短短几个月，家人就将她送往俄罗斯，她担负起把姐妹玛莎（Martha）接回家的任务。玛莎和俄罗斯亲王夫人叶卡捷琳娜·罗曼诺夫娜·达什科娃（Ekaterina Romanovna Daskova）缔结了友谊，或者毋宁说是暧昧不清的一时迷恋。二人是在亲王夫人访问爱尔兰期间结识的，玛莎接受邀请，跟着她去了圣彼得堡。亲王夫人是位不可一世、唯我独尊的人物，她在年轻时就协助叶卡捷琳娜发动政变，废黜了沙皇彼得三世，并将叶卡捷琳娜本人推上宝座，成为俄罗斯女皇。被任命为科学院院长的达什科娃亲王夫人造访过大多数欧洲国家首都，和伏尔泰、狄德罗以及启蒙主义运动首屈一指的人士都建立了长久的联系。在凯瑟琳·威尔莫特抵达姐妹玛莎那里的时候，已经六十岁的亲王夫人住在离莫斯科不远的特罗伊茨克庄园。她在凯瑟琳笔下的形象很有启发性，因为她被写成一个会亲自帮助刷墙工人、喂养牲畜、剥豌豆，会谱写音乐、朗诵、给报纸撰稿、在教堂里高声说话并斥责神父的人。此外，她还在自己的这块封地上当医生、药剂师、外科医生、铁匠、木匠、司法官和律师。尽管长期退出公共生活，亲王夫人还是竭尽全力地让新来者结识围着宫廷打转的贵族们。凯瑟琳并未被这个浮华的世界欺骗，她在日记和书信中带着一贯的冷漠刻画他们，包括"我见过的最和蔼可亲的人，面容和身形都很像李尔王之女考狄利娅"的皇后叶丽扎维塔 [2]，和她

---

1　威廉·荷加斯（William Hogarth，1697—1764），英国著名画家、版画家和漫画家，以尖刻的嘲讽著称。

2　即沙皇亚历山大一世的妻子叶丽扎维塔·阿列克谢耶芙娜（Elizabeth Alexeievna，1779—1826），原名巴登的路易莎。

觉得是位"可敬的文雅绅士"的库图佐夫将军。与此同时，她还把目光投向最卑贱的人，并对男人们又长又古朴以至于让人觉得他们生于大洪水之前的胡子感到惊奇不已。在日出和日落之际，男男女女开始俯身叩拜、在胸前画十字，他们不停做这些动作，至少持续一刻钟。凯瑟琳和她的姐妹是最早以刚刚诞生的人类学的敏感度描述俄罗斯农民古老风俗的女旅行者。把玛莎马上接回家的努力失败了，因为她让步于老亲王夫人那让人透不过气的喜爱，而后者已经离不开这位爱尔兰女子的陪伴了。由此，凯瑟琳踏上了戏剧性的、冗长的归国之旅，于1807年抵达爱尔兰。当时，随着规定俄罗斯和法国结盟抵抗英国的《提尔西特条约》的签署，对英国国王的臣民来说，前往俄罗斯土地和波罗的海已经变得极为困难。

蒙特·卡希尔夫人的人生也将会变得十分热闹，自从结束壮游旅程后，她和丈夫之间在精神面貌和性格上的差异越来越明显。玛格丽特始终是一位自由思想家，秉持共和理念，对于家族地位抱有难以理解的态度，同情"联合爱尔兰人"（United Irishmen）组织。这个组织是基于从英国占领下解放爱尔兰的宗旨而诞生的，并得到革命中的法国的协助。这样的思想和平庸、单调、缺少文化的蒙特·卡希尔伯爵没法差得更远了。回到爱尔兰后不久，玛格丽特就抛下丈夫和孩子们，和一位本国人一起逃往意大利。她在那里化名梅森太太（Mrs. Mason），定居于有庞大英国人社区的比萨。有朝一日她将在那里遇到珀西·比希·雪莱和玛丽·雪莱。后者是她孩童时期的家庭女教师玛丽·沃斯通克拉夫特的女儿。玛格丽特将和她建立起深厚的友谊，而且正如大量书信所显示的那样，在维亚雷焦的悲剧后不久，她就对玛丽·雪莱格外亲近。

# 第十二章
## 一位女雅各宾派的政治旅行

西德尼·欧文森·摩根（Sydney Owenson Morgan）讲述自身旅行的《意大利》（*Italy*，1821 年）一书在撒丁王国、伦巴第-威尼托和教皇国被蛮横而突兀地查禁，并在稀有的图书和报纸零售店中遭到警察没收。无疑，这是非常特殊的个案，在其所属的文学体裁中几乎是独一无二的。人们翻阅该书就会明白，行程的记载以及关于事件和地点的评论严厉而详尽地控诉了盛行于意大利的专制和反动政治，正如复辟时期欧洲其他地方的状况。使用笔名"摩根夫人"的她没有舒服地躲藏在心不在焉的女旅行者面具之后，而是在游记中袒露鲜明的意识形态底色。

拜伦第一个称这位女作家"英勇无畏"，并在一封写给托马斯·莫尔的信中补充，如果自己能遇到她，就会告诉她其他一些关于意大利的事情，以便佐证她的观点；玛丽·雪莱认为《意大利》是"一本对意大利人来说十分宝贵的书"。然而，从那些并未对意大利的政治状况流露出特别兴趣的女旅行者身上就感觉不到这么强烈的激情。安娜·詹姆森便是一例，她声称自己不是"为了捡勇敢的摩根夫人的余唾"才来意大利的，她评价摩根夫人栩栩如生的小品文幽默有趣，尽管认为她的思考方式"女人味不够"。

西德尼·摩根在有关意大利的这本书的开篇回顾往昔，浓墨重彩地指出，就助长当前的政治和文化衰退而言，体制所承担的责任比其他任何东西都要大。罗马所继承的神话，连同其全部灿烂辉煌的形象都派生自希腊——追溯西方文明起源的女作家如此认为，它随着罗马帝国的衰亡而解体，就好像一场美梦的幻影烟消云散。当时，为了统治人们的头脑，兴起了一套无限远离耶和华天启，也同样远离异教诸神的神圣本质的体系。它建立在献祭的基础上，靠迫害得到巩固，以恐怖为动机，奉黑暗的蒙昧为宗旨，专制、顽固、嗜血。摩根夫人接着写道："这套体系位于一切尘世权力之上，自命具有神圣起源，其名被称作**教会**[1]。"

在旅行过程中，女作家一直忠于她的这一预设的立场，不失时机地强调天主教会在复辟过程中纵容那些早已被法国大革命和拿破仑战争造成的混乱一扫而空的政治体制和君主。她的透彻论证采用了一种如此伤人和尖刻的语言，以至于将自己半岛旅行的一站站转变成了嬉笑怒骂的政治声讨的契机。博洛尼亚的修士、僧侣、修女和从加莱到那不勒斯的欧洲大陆所有地方的教士都一个样，是"神圣联盟的帮凶团体"，他们试图加强自己的影响力，从而夺回往昔的地位。在半岛之旅的必经之地洛雷托，女作家用圣母像作为有力的象征，谴责西方世界丧心病狂的倒退，以及大不列颠在这一退化过程中所扮演的角色。她提醒"路德和加尔文的信徒们"，英国的新教政府比欧洲任何一个其他国家都更支持将洛雷托圣母像重新放回它的柱脚位置，这就证明君主们狼狈为奸，他们为圣母像卖力，"为的是他们树立的榜样能够为愚昧的目的服务，并使得人性重新

---

1 原文"教会"（CHIESA）一词全部字母均为大写，故用黑体字标注。

堕入专制的黑暗中"。在意大利中部各城，她抓住机会大加嘲讽，回忆起法国占领军在当地栽种自由树、传播革命理念和象征的时候，那里的行奇迹的哀哭圣母演出一下子激增。同样让人难忘的还有她的一些片段重构了英国驻佛罗伦萨全权代表威廉·弗雷德里克·温德姆（William Frederick Wyndham）在号称"万岁马利亚！"（Viva Maria）的反法运动萌芽时进行煽动干涉的原貌。这场运动从阿雷佐喜慰圣母（Madonna del Conforto）[1]的所谓奇迹中得名，在世纪之初曾扰乱过托斯卡纳南部。

尽管遵守约定俗成的路线和停留点，但摩根夫人的旅行首先是政治的，其直率和明确的口吻，在壮游传统和意大利之旅中找不到第二人。之所以说她的旅程反潮流，不仅是因为其方向和内容，而且也因为她用特定方式去观察呈现在眼前的全景。她的眼界和思想深受她的旅行年代的历史偶然性所反映的价值观影响。她向意大利半岛投去的目光顽强坚守启蒙时代原则，并将其实际应用于革命结果，昭示她厌恶任何形式的复辟势力以及对这种复辟势力或隐或显的默许。不仅如此，雅各宾主义在她身上同卑微的爱尔兰出身，尤其是同她炽热的民族主义主张牢牢结合在一起。

她是演员罗伯特·欧文森（Robert Owenson）的女儿，此人靠辗转于岛上各家戏院勉强度日。她展现出早熟的叙事才能，这一点最淋漓尽致地反映在深情描述爱尔兰风光以及民间传统的《爱尔兰野丫头》（*The Wild Irish Girl*，1806 年）以及小说《奥唐纳》（*O'Donnell*）当中。后者以岛上最贫穷的阶级为主人公，他们是任人欺压的英国殖民主义受害者。她也是从自己的爱尔兰出身中汲

---

1　在意大利天主教传统中，喜慰圣母指的是托斯卡纳的阿雷佐城供奉的一幅圣母像，据传 1796 年 2 月 15 日圣母曾在此地行奇迹，使得画像变色并发光。

取了强烈反感英国内政外交的养料。西德尼在贵族出身的外科医生托马斯·查尔斯·摩根爵士家中担任家庭女教师，后成为他的妻子。1816 年后，她得以进行充满解脱精神和态度的欧陆之旅，与去国离乡的珀西·雪莱和玛丽·雪莱、拜伦、特雷洛尼[1]、利·亨特[2]颇为相似。

从经过蒙切尼西奥山口进入意大利的那一刻起，摩根夫人就意识到自己正在踏着汉尼拔和拿破仑史诗般的远征足迹，她借用他们的话，在心中思索她那"未来征途的天堂"，并回忆了切利尼[3]、伊夫林[4]、沃波尔、拉朗德[5]等人所详述的从文艺复兴直至近代的不同时期的旅途。此外，她还意识到旅行正在随着其冒险魅力和普世主义灵感的逐渐丧失而改变，前往意大利的英国人如今属于全新的社会阶级。他们结成团体或以家庭形式出游，随身带着舒适的设备、自己的风俗习惯，尤其是本国根深蒂固的偏见。在许多方面，摩根夫人在越过阿尔卑斯山后观察显而易见的景象的方式受到启蒙运动晚期的政治、社会和美学原则的制约。

当她遇到具有返祖遗传缺陷的阿尔卑斯山居民时，这位女旅行者清楚地感到，除了地理的和种族的边界，她正在翻越的也是一条文化的边界。他们中有许多人眼瞎或罹患瘰疬，肢体和感官健全的人寥寥无几。大量白痴症患者神经错乱似的喋喋不休，并发出野人般的笑声，这是彼此自相婚配的居民的典型症状，更加触目惊心的

---

1 爱德华·约翰·特雷洛尼（Edward John Trelawny，1792—1881），英国传记作家和小说家，珀西·雪莱和拜伦的好友。
2 利·亨特（Leigh Hunt，1784—1859），英国文人，将济慈、珀西·雪莱、罗伯特·勃朗宁和丁尼生等人介绍给英国公众。
3 本韦努托·切利尼（Benvenuto Cellini，1500—1571），意大利文艺复兴时期艺术家。
4 约翰·伊夫林（John Evelyn，1620—1706），英国著名作家。
5 热罗姆·拉朗德（Jérôme Lalande，1732—1807），法国天文学家。

是肢体残损和畸形的人。女旅行者没有对那些被视为怪诞异象、人们假装害怕并逃之夭夭的东西显示出传统的、乐在其中的沉迷，而是以人类学和社会现象分析者的冷静观察场景。

在同大自然和人类的可怖、退化的面貌遭遇后，撒丁王国有序而匀称的首都、"用绳子量出来的"街道和洛可可风格的宫殿似乎给她带来了宽慰。但她毫不迟疑地想到，都灵是一个闭塞、压抑、不自由的小国的心脏，用她自己的话来说，是典型的"袖珍专制主义"（despotisme de poche）。另一方面，在半岛漫游期间，政治局势不断被提及，首先是伦巴第-威尼托，那里的总督、大主教、高级别军官和官僚都是很少接触当地人民的外邦人；她随后南下至那不勒斯，在那里，为短命的 1799 年共和国的失败而欢呼的人们很可能在心中暗喜，并见证波旁王朝治理不善的恶果。意大利充其量只是个被奥地利军队控制的大号监狱罢了，女旅行者总结道，在这个国家，君主彼此间都是亲戚，和奥地利王室也沾亲带故。

罗马是意大利的象征性城市和代指意大利之旅的目的地，它的状况也好不到哪里去。面对圣彼得大教堂的圆顶和梵蒂冈宫殿，她讽刺地写道，大教堂旁边有另一个"奇观的国度"，在那里找得到圣殿的宝藏、"四十大盗的山洞"，在那里讨论教会事务、执行枢机主教们的建议、举办他们的午宴。她对代表教皇无谬教义的庇护七世的描述极尽挖苦之能事：

> 他软弱得像个妇人，无力得像个儿童，老朽不堪，疾病缠身。教皇被抬在人们的脖子上举得高高的，如同一尊异教崇拜的偶像。后来他又被人放上金闪闪的宝座，教士们给他裹上一件宽大的白色卡夫坦长袍，亮晶晶的，仿佛女王的婚服！他们把主教冠戴到他头上，擤去他的鼻涕，

擦干他的嘴角，并夸耀神圣的形象，尽管他愚蠢颟顸、无能至极。

不久后，她在参观宗教裁判所监狱时断言，绝对不应该把权力交给单独一个人，更不能交给声称追求神圣使命的人。托斯卡纳大公国的专制在她看来要温和得多，她在佛罗伦萨不失时机地称赞位于多奇亚（Doccia）的吉诺利陶瓷制造厂，在这家模范商行中，她得以一窥具有 18 世纪特色的理想城市结构。实际上，这座制造厂包括了很大一片拓殖地，工人的家属住在环绕工厂的典雅小屋中，整洁美观，各种服务和舒适设备一应俱全。儿童有一所极其出色的学校，而青年们接受教育，学习父辈的手艺。为达到这一目的，建立了若干制图和美术学校，同那里进行的劳动类别相衔接。建筑群的中央是一间满是古代雕塑的石膏模子的画廊，而多奇亚的素坯产品显示，它们常常被当作模型使用。

当摩根夫人能够将视线从复辟后的专制君主的悲惨景象中移开时，她赞赏这个大自然的迷人外表似乎仍然荡漾着神话回声的国度。面对最诱人、最宁静的景色，她像歌德一样任由自己沉浸于一种天真的而非反思性的解读，想要和古人的精神产生共鸣。她钟爱泡在荷马之海的海滨，那里让人想起维吉尔笔下的山川、湖泊和丘陵，以及一度回荡着西比尔神谕的山洞旁茂盛的葡萄园，每处山岬和海角都是一段历史，是一段恶事或一桩罪行发生的地方，是战役的舞台，是一场令能够将其讲述之人永垂不朽的冒险里程碑。但紧跟着这些作为怀古产物的狂喜之语的，则是难以避免的苦涩意识，一切只是纯粹的幻觉和想象力的欺骗罢了，因为曾经在尤利西斯的心中引起强烈恐惧的地方，如今已变成一处让人流连忘返的旅游胜地，而"古人闻之色变的阿维诺（Averno）湖[1]，像是一汪池塘，里面养着英国公园的鲤鱼"。在大竞技场或金殿（Domus Aurea）[2]这样必访的罗马纪念碑，大自然重新占了上风，压倒人类的创造，它们象征着一切事物都不可避免的速朽。威尼斯老旧、荒废的宫殿覆盖着古老的辉煌，军械库（Arsenale）[3]的壮观废墟现如今在悲凉的孤寂中屹立，它们见证着一个曾是欧洲抵抗土耳其人的桥头堡的共和国的伟大。

就像在其他宏伟遗迹中一样，她再次意识到一个文明的悲剧，它遥远的荣光被神秘的隐藏力量给压抑下去了。整个意大利似乎被卷入周期性的衰落，连最近在米兰的波拿巴市集建筑群上的仿古风潮也未能幸免。该建筑受巴黎地形的启发，本想成为代表奇萨尔皮纳共和国（Repubblica Cisalpina）[4]的门脸。工程随着复辟被耽搁下来：卡尼奥拉（Cagnola）设计的凯旋门是法国从森皮奥内山口出发的道路终点，它没有完工，以底座、立柱的框架、柱头、浮雕、塑像和战利品装饰的样子挺立着，而苔藓和地衣毫不留情地模糊了它棱角分明的轮廓。

在别的地方，她对景色的描述让人在其巧妙的修辞结构中隐约看到对绘画和文学的著名原型的偏爱，以便着重指出，人们不可能做出第一手的、纯朴的、没有先入之见的解读。在有的情况下这一点只是泛泛而论，比如当面对博洛尼亚的乡野时，她承认每走一步

---

1　位于今天的坎帕尼亚大区，古罗马人认为它是地狱冥府的入口。

2　罗马皇帝尼禄建于公元 64 年的大型建筑群。

3　军械库是威尼斯著名历史建筑，始建于 12 世纪初，是威尼斯海军力量的象征。

4　今天的波拿巴市集是位于米兰斯福尔扎城堡对面的一座公路环岛。奇萨尔皮纳是拿破仑在 1797 年建立的法国卫星国，首都米兰。1802 年改为意大利共和国，1805 年至 1814 年又改为意大利王国。"奇萨尔皮纳"字面意思是"阿尔卑斯山内侧的，南部的"。

都能发现一幅绘画：天空好似克劳德·洛兰（Claude Lorrain），草木如同普桑，颜色的搭配仿佛特尼尔斯（Teniers）。而在其他情况下，同参照原型的对话更加错综复杂，比如当她行走在弗拉米尼亚大道最动人的一段路上的时候，当时她正从纳尔尼（Narni）高坡下山。开凿在岩石中的道路，山谷边蜿蜒的河流，光影斑驳的亚平宁高坡，以及寥寥无几的行人，这些风景要素需要拜伦的文思和萨尔瓦多·罗萨（Salvator Rosa）的画笔才能描摹。她曾题献过一部流行专著给这位画家，在不同场合引用过他画的凶手和面目狰狞之人，似乎是想要表现一个动荡、阴暗、景象悲惨、合乎当时掌权的专制主义的意大利回潮。

摩根夫人深知，意大利之行始终是一场观摩其艺术杰作的旅途。她怀着有所偏好的政治观点，多次不失时机地驳斥福赛斯（Forsyth）和尤斯塔斯（Eustace）等当时著名英国旅行者的指控，他们谴责法国人对意大利艺术遗产犯下了残酷的掠夺罪行。然而，她自己的艰难行程却提供了契机，令她能够利用自己的叙事才能，围绕着象征人类兴衰的多变性而非四平八稳的静态性的艺术品，讲述一段独到的政治寓言。参观乌菲齐期间，摩根夫人回忆，在法国入侵之际担任画廊总监的是骑士普契尼（Puccini）。此人兼具对艺术的喜好和对烹饪的热情，常常将这两个领域的术语混杂起来并取得良好效果，以至于他的对话者们时不时会在他正在颂扬的艺术盛宴跟前"吃得津津有味"[1]。当法国人打到门口、大公弃佛罗伦萨而去的时候，普契尼别无他法，只能将包括美第奇的维纳斯在内的特里布纳大厅的杰作转运到利沃诺，将其装上一艘驶向巴勒莫的英国护卫

---

1　"吃得津津有味"原文为 si leccassero i baffi，字面意思"舔自己的胡子"，引申为激赏、盛赞。

舰。在这趟独特的旅中旅过程中，骑士普契尼和在海浪中随波逐流的珍贵货物接二连三遭到不幸，直至普契尼和他的文物抵达目的地，将维纳斯雕像呈给那不勒斯国王。后者正像刻尼多的少女[1]似的在这座岛屿的首府流亡。君主被如此难以言传的美丽弄得欣喜若狂，他准备了一间并不比佛罗伦萨的大厅逊色的展厅来体面地迎候它。在巴勒莫的临时宫廷，所有人似乎都被这尊再一次从海上抵达的大理石"心之王后"迷得神魂颠倒。

但这尊传奇神像没过多久就消失了，重新开始它的海上之旅。这一次，奉执政府的命令，雕像被装上法国人的双桅帆船。吃惊的那不勒斯国王不相信竟真的会发生如此神秘的失踪事件，并徒劳地发动他的党羽去寻找。但他的妻子卡洛琳娜王后对这件事知道得一清二楚。她在情人——以可疑买卖而闻名的英国全权代表阿克顿勋爵的怂恿下，偷偷地把雕像交给了法国人。拿破仑狂飙平息后，随着复辟王朝的建立，美第奇的维纳斯被交还故土，并在乌菲齐的特里布纳大厅重归原位，就像威尼斯的圣马可骏马、拉斐尔的弗利尼奥圣母像（虽然没有回归弗利尼奥，而是去了梵蒂冈），以及所有遭到废黜、被迫流亡的有血有肉的君主们一样。

摩根夫人利用美第奇的维纳斯回归佛罗伦萨这件事，以隐喻的方式讲述了大公的归来。他在城里竭尽全力地让人民参加为维纳斯像——以及大公本人——的胜利回归举办的庆典，但庆典却是场彻头彻尾的失败。一大队轻骑兵被徒劳地派去护送雕像以及君主回归原先的居所，人们用彩旗装饰过节的城市，并擂鼓吹号，震耳欲聋。所有这一切都只是在百来个或为数更少的遗老遗少面前进行的。将

---

1　刻尼多即小亚细亚古城刻尼多斯（Knidos）。刻尼多少女像是公元前4世纪的一尊阿芙洛狄忒等身雕像，是美第奇的维纳斯的原型。

近四分之一个世纪已经过去，与此同时，恐惧平息了下来，人们的品位和需求发生了改变。实际上，女作家利用政治隐喻评论道："人民想要的是宪章，而不是雕像[1]。"

在旅行的某一瞬间，这位不知疲倦地抨击复辟时期政治风俗的女性似乎感到深深的劳累，于是屈服于那不勒斯让人懒洋洋的气候，放下了书本和手中的笔。她在帕尔特诺佩的城门处承认，与其说访问其他教堂、参观其他宫殿、研究其他纪念碑的义务愉悦了身心、丰富了头脑，倒不如说它们已经变成累人的苦差。这座城市似乎生活在浩劫的边缘，那里的风是火焰，土地是火窑，喷出致命蒸汽，大气是电流，产生永恒的不安。她第一次放弃在任何地方都支撑她的理性优先地位，并向一种非理智的感触让步。

前往热西纳（Resina）时，女旅行者打算在一位备有一捆蜡烛、焦虑不安的向导陪同下，访问被埋葬的埃尔科拉诺城遗址。穿过一处使人能够从蜿蜒黑暗的熔岩壁之间往下走的发掘场，女旅行者跟着向导，踏上这趟不折不扣的地府之旅。女作家害怕微弱的火光可能在墓地的漆黑中熄灭，再加上向导小心翼翼地到处放置蜡烛头作为返程的标记，她的心中充满了被阴暗一点点召唤出来的各种可怕幻影，摸索着在狭窄的缝隙中前进。突然间她生出了重回阳光之下的强烈冲动。马车在她头顶的熔岩层之上驶过时发出声响，日光在黑暗的尽头闪烁，这些都成了令她恢复镇静的官能感受，预示着重新掌握自控力。在埃尔科拉诺，女旅行者什么都没见到，她从这座被埋葬城市的迷宫中撤出来，就如同人们从一个失去理性启蒙的昏暗时代撤退一样。

在与西德尼·摩根从探索埃尔科拉诺的幽闭坑道之旅中落荒而

---

1 此处涉及文字游戏，"宪章"（statuti）和"雕像"（statue）字形相近。

埃尔科拉诺遗址

逃的同一时期，玛丽安娜·斯塔克才刚刚致力于告诫那些不能忍受闭塞和压抑的场所的人，不要冒险进入地下城埃尔科拉诺，更何况他们可以在博物馆里看到这座城市的立体模型。从样子上看，它似乎是专门为了吓人而不是讨人喜欢才做出来的。

除了政治局势、习俗以及国家的风尚，意大利地位最高的妇女的状况也没有逃过摩根夫人那双始终敏锐的双眼。因为婚姻习俗所具有的重要性，这一课题在几乎所有的 18 世纪以及其他时期的旅行记录中都频频出现。女作家评论道，一位年轻的已婚妇女的日常生活有多么不受束缚，未婚少女在家庭，或更常见地在修道院中，就有多么处于奴役状态。在保障家族未来的长子兼继承人出生后，妇女就会成为她自己的女主人，变得独立于丈夫，丈夫同样独立于她。妻子建立自己的男性朋友与女性朋友的圈子，委任侍从骑士成为其领头人，并让所有人都顺应其生活的准则，不存在任何隶属关系。另一方面，丈夫和妻子的侍从骑士相安无事，相处十分和睦。人们打趣说他们三人组成完美的三角形。然而，在贵族世界的流行习俗之外，当女作家更广泛地考察意大利妇女和文化的关系时，她辛辣地指出，妇女忍受着难以置信的约束。这些约束是由天主教会的蒙昧主义政治以及神父的干预所强加的，他们让妇女害怕自己过于有文化，仿佛那是弥天大罪似的。摩根夫人总结道，作为端庄的天主教徒，她们被迫要取得教士的同意才能阅读祈祷书或圣典之外的书籍，而那些热爱阅读的妇女实际上只能偷偷地把书缝在枕头下面，并假装自己是傻瓜，尽管她们并不是。

# 第十三章
# 忧郁做伴

　　她感到某些能让她看到别人、又不会被别人看到她的孔隙有着不可战胜的吸引力，比如大竞技场。在那里，她通过墙上的缺口往下看，瞧见一副怪诞的场景。其主人公是一位青年艺术家，因为狂喜的赞叹而得意忘形。他做出极为古怪的手势和鬼脸：一会儿合拢双手、拉长胳膊，一会儿叉起双臂陷入沉思，接着抓起画板和画纸，似乎想要画下让他着迷的景象，但随后就将其扔在地上，一脚踢开，如同被绝望俘虏了一般。当青年注意到有人正在观察他，他就一动不动好一会儿，随后戴上帽子，收起画板，逃之夭夭。

　　这不是安娜·詹姆森第一次让她的意大利之旅的小说主人公通过随机的缝隙，或在别的例子里通过把自己裹起来的不透明帘子的裂口来描写一段凝神注视的场面。在臭名昭著的亚平宁山区客栈科维亚约（Covigliaio），书中虚构的女旅行者在休息时记录下一桩同样典型的意大利小场面，这一次是通过帘布的破口偷看到的，在长途旅行者扎堆的污秽大房间里，这道布起到隔断的作用。她就着微弱的蜡烛火光，从薄薄的帘子的另一边打量一群恶狠狠的人，他们靠着墙或蜷缩在稻草上，权当歇宿：有人在吃东西，有人在喝水，有人在玩牌，还有人在手舞足蹈、语调夸张地讲故事。他们看上去活脱脱就是她在摩根夫人的书中读到过的萨尔瓦多·罗萨画的土匪。一般来说，这位女旅行者不会躲开临时的旅伴，但随后，当他们情绪激动地讲起意大利的政治局势时，她就漠不关心、一言不发地回避，因为她觉得她在意大利只是一只候鸟罢了，纯粹为了过冬和恢复健康而来，仅此而已。由于害怕和现实直接接触，她甚至到了不许自己说一句话的地步，就好像在圣彼得大教堂那次，那里挤满了互相挽着胳膊的本国人，他们高声说话、走来走去，如同置身于海德公园。她被一位老年朝圣者风霜雨雪凿刻的脸弄得惊讶不已。此人戴着一顶覆盖着贝壳装饰和徽章的帽子，挂着一根雕着小骷髅头的朝圣手杖。她本想和他说话，但害怕一开口就减损了这样一位浪漫如画的人物在她的想象中引发的好感。

在大竞技场的隧洞里，在亚平宁山的陋室中，在圣彼得大教堂以及其他类似的场合，安娜·詹姆森都青睐意大利之旅中经常出现的场景和人物，而躲藏、窥探以及缄默的疯狂举动暴露出这位书中女旅行者的不安，并以她为媒介展开独特的现实异化过程。实际上，女作家同德·斯塔尔夫人以及内心中的维特和雅各波·奥尔提斯（Jacopo Ortis）[1]很像，她通过一位忍受爱情忧郁困扰的年轻女子的日记形式，讲述自己的意大利旅行。但不同于柯琳娜在意大利和奥斯瓦尔德·内尔维尔之间的悲剧爱情故事，这位无名的女旅行者徒劳地想要在意大利忘却于另一段时间、另一个地方折戟沉沙的一场恋爱事件，直至苦闷而死。她越来越多地问自己，是否应当为

---

1  意大利剧作家乌戈·福斯科洛（Ugo Foscolo，1778—1827）发表于 1802 年的小说《雅各波·奥尔提斯的最后书信》（*Ultime lettere di Jacopo Ortis*）的主人公，其经历与《少年维特的烦恼》的主人公类似。

别人给她的旅行机会感到幸福，或者毋宁说，是否该为无力感受渴望已久的美景本该产生的欢乐而悔恨。"谁知道这片阴云会不会消散"，她自问，于是在持续的活动、新鲜的地方，尤其是在气候中寻找治疗自己忧郁症的药方。在旅行的某一刻，她思乡情切，回忆起配有全套舒适设备的英国客厅：地毯、带小席子的小壁炉、柔软的帘子、沙发，以及噼啪作响的火堆周围熟悉的脸庞。但她随后立刻补充说，对于像她那样一副苍白的躯体和一颗患病的心灵来说，除了意大利芳香熏人的春天、强身健体的空气、起死回生的煦日、一望无际的蓝天之外，就再没有别的良药了。在那不勒斯，她断言她的心理活动、感官机能和一切痛苦，似乎都"在懒洋洋的梦境状态，在享乐和这种迷人气候的真正'心宽无忧'（dolce far niente）中"消除了。此外，就和所有在土星星象下出生的人一样，这名女子酷爱写作，实际上她通过写作弥补了与他人交流的缺陷。"如果我没有想过写日记，我会是什么样啊？我会因为某种精神的饱和而死去。什么样的安慰能够被保留下来，使得洋溢的心灵和我焦躁的灵魂倾吐出来，寄托在纸面上！"

1826 年，安娜·詹姆森匿名出版了《一位女士的日记》（*A Lady's Diary*），灵感来自 1821 年她以富有的英国人罗尔斯家子女的家庭女教师身份完成的意大利之旅。面对冒着出版无名小卒所写之书的风险仓促上阵的出版商，女作家请求给她一把吉他，作为未必会大卖的作品的报酬。事实上，日记在女性公众中引发好奇，并取得成功。她们在女主人公的浪漫故事中对照自身。同年，这本书还被著名出版商科尔本（Colburn）发行，并起了个更加刻意的标题，叫作《苦恼人日记》（*The Diary of an Ennuyée*），苦恼人也就是一位忧郁的女性。忧郁这副面具在英国文学中有漫长的历史，安娜·詹姆森巧妙地利用了它和旅行的传统联系。从罗伯特·伯顿（Robert Burton）以降，旅行都被认为能缓解忧郁之苦。除了弥尔顿的《沉思者》（*Il Penseroso*）、拜伦的《恰尔德·哈罗德游记》（*Childe Harold*）、亨利·马修斯（Henry Matthews）的新近作品《伤残者日记》（*Diary of an Invalid*）之外，女作家心中无疑还想到了安娜·米勒写给母亲的书信集的开头，至少就其标题而言：

> 我只为您写信，如果我的信将会显得特别有趣，以至于驱散您的部分苦恼[1]（我不知道这种普遍不安的英语表达是什么，尽管世上不缺像英国这样折磨人的国家），那么我就会觉得达到了我的目标。

这种毛病就叫作忧郁，人们一度称之为体液不调症，被认为专门侵害那些因爱情破灭而受苦的人，导致他们做出类似于"苦恼人"（ennuyée）的举动。忍受爱情忧郁的年轻女性形象使女作家得以将其旅程转化为"女性自然情感的图画"。她随后又回到自己这本书的主题，重申："这本书能具有的唯一优点是有凭有据地描绘了灵魂。"

　　除了描述女旅行者的精神状态和内省时刻，这本日记在旅程的每一站之间，还收集了成分混杂的素材：偏离正题的支线、拉德克里夫式故事、或隐或显地向不同作家致敬，因此呈现为一盘到处巡游的大杂烩，探索流行口味的各种成分。同样的旅行描述常常取材于众所周知的原型，比如在那不勒斯的圣塞维洛（Sansevero）小礼拜堂，女旅行者面对科拉迪尼（Corradini）雕刻的"蒙纱的基督"（Cristo velato）时司汤达综合征发作。这座雕像向她传达了

---

1　此处为法语：une partie de vos ennuies。

The Diary of an Ennuyée

Anna Brownell Jameson

The Perfect Library

《苦恼人日记》英文版封面

圣塞维洛小礼拜堂

一种令人怜悯的感觉，并如此强烈地感动她，以至于她不得不离开小礼拜堂，以便吸一口新鲜空气。她对于大自然的壮丽和崇高景象也流露过类似的剧烈情感。她在马尔莫雷瀑布前觉得透不过气，头晕眼花，几乎要昏厥过去，这迫使她靠在一块岩石上，以便不要掉进漩涡。但与此同时，她不介意表现出一种惊人独特的临时性视角，比如在圣彼得广场，她端详着大教堂正立面和柱廊臂部的一排排雕塑，迎着夜空瞥过去，它们似乎是从天而降来看一眼这个世界的灵魂。此外，对她来说意大利是这样一个地方，在那里人们仍然可以享受美丽如画的风景，或由差异极大的各地荒凉风貌所提供的美学情感，而像英国这样被大多数人认为发达的国家则以进步、整洁和卫生的名义将其一扫而空，迫使其躲进城市最悲惨、名声最坏的角落，或隐匿于最偏远的乡下荒原。

这位女旅行者多次宣布她自己的浪漫主义信条，比如她曾承认，我们在眼皮底下所看到的美丽与风情，至少有一半寄寓在我们自己的内心，是热情将它自己的光明斗篷抛在了我们看到的一切东西上。然而，由华兹华斯建议且被安娜·詹姆森吸取的冷静反思总是会遏制热情。改动一下哈姆雷特对角色们说过的话，就是："我们不是在激情的风暴和骚动中才能够反思，而是只有在这之后，当水浪已经快要漫过我们的脑袋的时候。"只有到那时，激情消退后显露的思想才会像海难后被大浪拍上海岸的珍贵玉石和昂贵货物那样闪闪发光。安娜·詹姆森的描述技巧预示了约翰·罗斯金（John Ruskin）循循善诱的演说，此类演说题材广泛，被用来模仿一种视野，这种视野占据舞台、环绕舞台，而且，尽管否认舞台，却贪婪地绕着它打转。安娜笔下有个片段典型地揭示了这点，写的是对整整一代躁动的浪漫主义者来说命中注定的一处景观：

今晚我累得要命，以至于既不能对侏罗山（Giura）说上什么，也不能对美妙的登山之旅和我眼前新奇又壮观的景象说上什么；还有把山地染得金黄，并给密林深谷投下最厚重阴影的晨间旭日那笑盈盈的光芒；在丘陵间若隐若现、消散于软绵绵雾茫茫光线中的远处法国平原；更不能对莫雷和他美味的草莓和蜂蜜，以及那难忘的一刻，说上什么！当时，我们拐过沿山顶附近悬崖蜿蜒伸展的道路拐角，最终见到了日内瓦湖和在我们脚下铺开的日内瓦城，以及意大利阿尔卑斯山的雄伟背景，一座山峰连着一座山峰，覆盖着积雪，还有俯瞰一切的勃朗峰！

在《苦恼人日记》的出版与多次意大利远足——尤其是行程最满的 1846 年的那次逗留之间，安娜·詹姆森在北美洲和加拿大进行了长期旅行，此行同时还是为了和已经搬到那里的醉醺醺的法官丈夫罗伯特·詹姆森离异。这趟不折不扣的惊险旅行考察了极为广袤、具有原始蛮荒特征的地域，从尼亚加拉大瀑布一直到安大略省，其中包括了印第安人保留地。此行诞生了《加拿大冬季探索与夏季漫游》（*Winter Studies and Summer Rambles in Canada*，1838 年）一书。由于必须为酝酿中的一间艺术肖像和圣徒文学工作室提供资料，她萌发了再度去意大利旅行的念头，而罗伯特·布朗宁和伊丽莎白·巴雷特·布朗宁（Elizabeth Barrett Browning）随即就向她提供了机会。她是在这二人为爱私奔期间在巴黎碰到他们的。

我在这里结识了一位男诗人和一位女诗人，这两位名流逃出生天，在一种至少是不同寻常的气氛中结婚——安娜·詹姆森向她的姐妹写道——二人都才华横溢，可是，但愿上帝帮助他们！因为我真的不知道，这两颗诗意的头脑和心灵，该怎么在这个世界的乏味义务中摆脱困境呢？

令他们摆脱困境的恰恰是她自己。她作为包办一切的信使，护送他们从巴黎前往比萨。另一方面，安娜·詹姆森一生中没有一个时期是不用对他人负责的，其中包括了四个姐妹，而她们的父亲，原籍都柏林的破产画家丹尼斯·布劳内尔·墨菲（Denis Brownell Murphy）无力供养女儿们。从十六岁起，她就在贵族家里从事家庭教师和督学的工作，后来她开始写作，以此赚取她自己和她父母的生活费用。在以督学身份进行的首次意大利之旅中，她设法挤出必要的时间去参观教堂、公共画廊和私人收藏，并为绘画杰作做笔记。她展露出对于意大利艺术家的绝对偏爱，且没有掩饰她对佛拉芒和荷兰画家的冷漠，尽管他们卖弄"锃亮的锅碗瓢盆、花菜萝卜"。她不限于获取良好的绘画知识，而且还通过学习和实践语言来丰富意大利的游学经历。正如在一封写给父亲的信中宣称的那样，她告诉他自己为了请一位意大利语老师，已经没法购置过冬的衣服了。

安娜·詹姆森广泛创作以儿童文学、女性教育为主题的书，还写了一本新的旅行著作，这次是和英国以及欧陆相关，题为《国内国外一览与速写》（*Views and Sketches at Home and Abroad*，1834 年）。这本书为她赢得了蒂克和施莱格尔的赏识，以及同奥蒂莉·冯·歌德（Ottilie von Goethe）的长期友谊。后者是诗人歌德的儿媳。除此之外，安娜·詹姆森投身 30 年代和 40 年代之间的英国文化运动，旨在促进对 14 世纪和 15 世纪的意大利艺术进行新诠释和含蓄的重新评价。应出版商约翰·穆雷（John Murray）的请求，她致力于编纂英国公共和私人艺术收藏目录，并首次出版了《伦敦市内及附近的公共艺术画廊手册》（*A Handbook to the*

*Public Galleries of Art in and near London*，1842 年），这本书赋予艺术以突出的目的性，即加强教育、推动信仰。女作家特别考察了意大利画家，她承认自己并不愿意跟爱好者和艺术行家——那些所谓的"鉴赏家"打交道，而是愿意致力于普通大众的教育和品位培养。对她来说，造型艺术是一种升华人们的单纯心灵的方式，这些人从没想过"在艺术家及其作品的受益者之间存在深厚的、宗教般的团结以及真正的理解"。根据她这种在和报纸杂志合作过程中开展的理想使命，忧郁的女旅行者日记揭示了一种不受怀疑的新鲜活力，并反映出在第一次旅行期间，那些已有的主题，在女作家随后的人生阶段和不一样的文化气候中发展起来。早在 1826 年，安娜·詹姆森就已经通过她的替身断言，如果她怀着鉴赏家的心态去访问意大利，那么她就会失去很大一部分的快乐，因为双眼越是专注于技法和自然主义的方面，品位就越是变得偏颇和挑挑拣拣，这样就排除了体验真诚赞赏的可能性。为了举例说明她的这一观点，她为在乌菲齐的特里布纳大厅碰到的典型英国行家速绘了一张无可比拟的讽刺草图：

> 　　你们看他啊，他一只手搭在前额用来遮挡太阳光，另一只手伸到前面，莫名其妙地在空气中乱涂乱画着：他时而后退，时而前进，接着重新往后退，直至找到合适的位置，能够让美景跃入他的每一处视角，而且还是以最理想的方式。他全神贯注地凝视，就像月亮反射在井里，或坠入爱河的少女打量月亮……我们假想，击中他们的是忍耐美德的庄严或圣洁的纯美。但并非如此，而是笔调的肉感、颜色的模糊、神采的红润、衣服的皱褶、小拇指的细枝末节！哎呀！你们替我赶走这些鉴赏家吧！

安娜·詹姆森在《苦恼人日记》中记录的这种态度显得既轻蔑又势利，但实际上比表面看上去的要微妙得多，而且预示了旨在对意大利艺术进行某种殖民化的英国文化政治。"殖民化"这个词的意思是强制推行维多利亚时期的文化基本准则及其对于艺术解读和评价的说教原理。这些原理中的头一条要求像阅读表达尊贵、高雅思想的诗歌一样观察绘画。诗歌胜过绘画的优势地位是从阿莱克西-弗朗索瓦·利奥（Alexis-François Rio）的《论基督教诗歌》（De la poésie chretiènne）中获得动力的。该书于1836年出现在英国，书中断言，随着异教精神复苏和自然主义崛起，文艺复兴消除了所谓"原始"画家身上的基督教诗意。这种看待事物方式的结果便是：14世纪和15世纪意大利画家也受到当时价值观的褒贬——用林赛爵士（lord Lindsay）的话说，锡耶纳画派文雅、女子气，而乔托画派阳刚、男子气；同时，人们不加掩饰地表达对晚期文艺复兴艺术和巴洛克艺术肉欲的、戏剧式的现实主义的厌恶。维多利亚时期的道德主义敏感性中弥漫着尚处于萌芽的新教偶像破坏运动的影响，前者把这种夸大的自然主义同富于表现力的质朴和寓意对立起来，而寓意被当作绘画顺应诗歌的形式。那时的人们常说，寓意式的十字架苦像突出耶稣的神性，而非他的肉身。

借助她的忧郁替身，安娜·詹姆森长期以来走在这条道路上，并惊人地预判了符合这种口味的意识形态取向。罹患忧郁症的女旅行者在游记中回溯意大利艺术收藏，断言自己为相同主题的无休止倍增感到惊讶——钉十字架、折磨、酷刑、虐待、苦难和其他令人反胃、鲜血淋漓的图画，以至于她认为，有志于此的人们大可以在文艺复兴艺术的画布上研究人体，而不必去解剖实验室。绘画没有扰乱精神的义务，没有用人类的丑行和野蛮的景观、滴下来的鲜血、受苦的肉体、开放性创伤以及成百上千种制造死亡的方式去污染精神的义务。"看到最美好的艺术沦落到和屠宰场差不多，"女旅行者言简意赅地总结道，"真是恶心。"从"绘画的目的是欢乐"这一原理得到启发，她补充说，人类的苦难因为以惩恶扬善为己任的道德训诫而有了价值，与此同时，它们对于观众的影响力被救世主的恩典缓解和升华了，而这种恩典是天资和诗歌赋予人们的。

从维多利亚式道德主义中提炼的第二项基本原则是，艺术作品应当通过艺术家的生平被诠释和评价。一位举止不端的画家永远无法创造出能和伟大、严谨、高贵的大师作品比肩的绘画。安娜·詹姆森举了菲利波·里皮（Filippo Lippi）作为反面例子，她在强调瓦萨里（Vasari）的名人传略时，称里皮丑恶、堕落，只有冒犯道德和宗教的本事。结果，尽管他具有不容否认的才能，却被自身伤风败俗的行为腐化。安德烈·德尔·萨尔托（Andrea del Sarto）的艺术也被画家那软弱同时贪婪且狭隘的性格给败坏了。更不用说卡拉瓦乔这愤世嫉俗、恶贯满盈的卑贱之徒了，他就是死在自己的劣行上的。然而，拉斐尔这样的画家身上实现了堪称楷模的为人和纯熟的艺术之间的完美结合。忧郁少女说道，没有一部传记不详述这位乌尔比诺人和蔼可亲的性格以及他纯朴高尚的精神的。拉斐尔将其升华到远远超出金钱利益、竞争关系、嫉妒和羡慕的高度。

安娜·詹姆森对意大利艺术和新取向的深刻认识，在她受到瓦萨里传记影响的著作《早期意大利画家传略，以及从契马布埃至巴萨诺的意大利绘画演进》（*Memoirs of Early Italian Painters, and the Progress of Painting in Italy from Cimabue to Bassano*，1845年）中得到验证。此后，随着《神圣与传奇艺术》（*Sacred and Legendary Art*，1848年）的问世，女作家整理了基督教神秘主义人物的文学与肖像学目录，书中每个人——从意大利艺术中撷取的贞女、烈士、圣徒等——都绘有插图，并配有一段叙述及与其名字相关的历史："为了拯救人类免于堕落和灾难，由天命赋予的"受难与英雄壮举的历史。在这种氛围下，她为光荣的信仰、智慧和英雄主义的女性代表人物保留了特别的关注，她们显得"和希腊那些好色的神明截然不同，尽管在超人的力量与庄严方面接近众神"。

# 第十四章
## 与鬼魂交谈

为了应答指关节在门上叩出的轻响，侍从向在场者宣布阿尔弗雷·德·奥塞（Alfred d'Orsay）伯爵的来访。这并不是有着运动员的体格、酷似观景殿阿波罗的那位花花公子头一次造访布莱辛顿伯爵查尔斯·约翰·加德纳（Charles John Gardiner）和他的妻子玛格丽特。后者是位魅力十足的女性，刚刚三十岁，最近爱上了托马斯·劳伦斯（Thomas Lawrence）爵士的画笔。位于圣詹姆斯广场的布莱辛顿大宅远不只是一座华丽的私人宅邸，它装点着象牙柱、镀金、毛粉饰和阔气的墙纸，具有殿堂般神圣和庄重的特征，尽管位于底层的温馨小戏院烘托出同简朴和肃穆完全无关的氛围。

这一次，带着一贯的自负走进起居室的花花公子在空气中察觉到了异样，夫妻间流露出一种掩饰得很不好的紧张感。他刚刚得知，伯爵已经筹划前往爱尔兰旅行，以便视察他的产业，但伯爵夫人固执地拒绝陪他前往她出生的那个岛屿。她是在反抗英国人残酷统治的起义爆发、《戒严法》颁布的时候降生的。光是回到爱尔兰这个念头就在她的记忆中撕开了从未完全愈合的伤口。

这一切都始自她在蒂珀雷里郡（Tipperary）克诺克布里特

（Knockbrit）度过的不幸福的青少年时期。在那里，她秀色可餐的美貌引起了父亲博·鲍尔（Beau Power）的酒友们贪婪的追逐。父亲是一个文化修养很高的小地主，但却是个缺乏道德准则的机会主义者，而且没有管理自己财产的能力。他毫无顾忌地以金钱为目的，在1803年把刚刚年满十四岁的玛格丽特嫁给了莫里斯·圣莱杰·法默（Maurice St. Leger Farmer）上尉。此人是个残暴程度骇人听闻的施虐狂，频频发作疯癫病。他在仅仅三个月时间里就永久地断送了她的生育能力和性方面的敏感。玛格丽特将在未来的某天一吐为快，表示只有女人才真正认识邪恶，因为她们已经从男人那里经历过了。她不顾一切、漫无目的地从这个酷吏手中逃出来，旋即投入了富有且文雅的龙骑兵上尉托马斯·詹金斯（Thomas Jenkins）的怀中，他因为曾和威灵顿公爵并肩作战而闻名。詹金斯带着她先去都柏林，又去了伦敦，还允许她培养对文学的热情，并享受良好的教育。得益于她光彩夺目的美貌和敏捷的才思，她成为一位魅力四射的名流女性，她深知如何冷静地把握自己，在差异极大的环境中游刃有余。

一段时间之后，玛格丽特成了第二桩买卖生意的对象：她那位有私心的皮格马利翁[1]把她让给了古怪且极其富有的布莱辛顿伯爵。他是个鳏夫，有三个私生子。他迷恋上玛格丽特，就好像人们迷恋上一件不惜一切代价也要占有的装饰品。1818年，伯爵怀着让她成为家中最美丽的尤物和近乎一件战利品的念头与其结婚，并在同辈的流言蜚语中将她晋升至布莱辛顿伯爵夫人的地位。贵族圈子中流传着一种说法，称伯爵花了一万英镑，不折不扣地买来了这位女

---

[1] 皮格马利翁是希腊神话中的国王，他爱上自己的雕像，并赋予其生命。这里有提携者、贵人的讽刺意味。

子，而且是在她的丈夫、臭名昭著的法默上尉不知怎么从窗户摔下去后才和她结婚的。

似乎是想要打断玛格丽特的悲惨回忆，并驱散她眼神中流露的不安，阿尔弗雷·德·奥塞以他虚荣蠢笨的风格，玩笑一般脱口提出了一项谁也没料到的建议：他们三人去国外旅行寻乐子，但不是在爱尔兰阴沉沉的天空下，而是去巴黎，然后再去意大利，一趟典型的以地中海为目标的壮游之旅。意大利的名字在伯爵夫人的背上激起一阵寒战，因为那是梦牵魂萦的古迹与壮美之乡，英国贵族心心念念的目的地。它还是像她一样被伦敦社会的残酷放逐所摧残的著名流亡者们的天堂，而打着顺应众意旗号的伦敦是永远不会将她接纳进自己的圈子的。此外，拜伦爵士当时就在意大利的热那亚。在她看来，拜伦是位真正的神话人物，既是男子汉，又是大诗人。就连布莱辛顿伯爵也又惊又喜，这个提议在他心中唤起了祖先们的习俗。为此，他把打理爱尔兰土地的事情放到一边，同意组织一次欧陆之旅。阿尔弗雷·德·奥塞将在法国和他们会合。他成了这个家的密友，从此以后将和他们分享任何冒险和丑闻。

就这样，1822 年 8 月，布莱辛顿伯爵和伯爵夫人、夫人的姐妹玛丽·安·鲍尔（Mary Ann Power）以及一大帮仆役、一长列满足一应用途的马车，离开了他们为筹措旅行以及聘用拿破仑的御厨而迁居的巴黎。伯爵夫人乘坐一辆弹性十足，配备食品柜、洗手间、图书馆和写字台的木制马车旅行，她在那上面撰写远行的旅途日志。他们在阿维尼翁停留了很久，参观了教皇宫和附近彼特拉克的瓦尔基乌萨（Valchiusa）[1]。随后车队取道马赛、戛纳、尼斯。

---

1　即法国东南部的沃克吕兹（Vaucluse），以泉水闻名，曾启发彼特拉克创作了一首咏泉的十四行诗。瓦尔基乌萨是其意大利语名称。

在这之后，布莱辛顿夫妇和大批仆人放弃马车，改骑最可靠的骡子，朝着文蒂米利亚（Ventimiglia）和热那亚方向，踏上危险的"镜框"之路。伯爵夫人称沿途风景为"拉德克里夫式"的，比得上那位著名女作家的黑色小说[1]。

此后，不同年份问世的日记在 1839 年以《意大利闲人》（*The Idler in Italy*）的标题编订出版，玛格丽特·布莱辛顿得以展现出她的文化遐思、瑰丽的想象以及对于写作的热爱，她将终其一生恪守这份天职。有鉴于此，她想要改变多年来被当作性对象，后来又被当作奢侈交易品的印象，夺回她的独立女性身份。日志的写作反映了忙碌的每日任务，而女旅行者在书中多次提到这点。比如她在一条手写于维琴察的注释中表示，尽管被前往山间圣母（Madonna del Monte）教堂的漫长路途弄得筋疲力尽，她还是不得不趁着新鲜，赶快写下自己的印象。又或者在莫拉·迪·加埃塔（Mola di Gaeta），她知道自己在把脑袋倚上枕头之前，必须先记录下充满心头的大量景象，以免失去其滋味。日记中记录了一次长长的文化与消遣漫游中的里程、中停站、会面以及事件，一路途经法国和意大利，不管是五年的持续时间，还是访问的地点，都完全忠于传统。前者包括在那不勒斯沃梅罗（Vomero）山顶的美景宫（Palazzo Belvedere）度过的两年，后者则根据培根式记忆习惯，没有排除医院、监狱、精神病院等大型拘禁场所。

她的书或许是欧洲最后一本长篇大论、细致入微地讲述当时的都市社会，尤其是意大利社会的著作。但玛格丽特·布莱辛顿拥有灵敏的精神和专业的眼光，在生活事件的磨炼下，她善于凭借本能

---

1　这里指的是英国女作家、暗黑哥特小说先驱安·拉德克里夫（Ann Radclife，1764—1823）。

掂量和她有关联的人。这本书就好比一幅幅肖像画，如同灵魂的座右铭一般揭开了她不寻常的、尖刻的表现力。她在巴黎和卢浮宫总监、埃及学家与艺术史专家多米尼克·维旺·德农的会面便是难以超越的例子。她称此人为"智者"（savant）和"小大师"（petit maître），总是随心所欲地描述一具木乃伊的特征，或是"一位有魅力的女性的纤足"。他也时常把某件"非常了不起的古物"放在一边，只为清理保琳娜·博尔盖塞精美的石膏手模。

她在罗马的维尼亚·帕拉蒂纳（Vigna Palatina）见到了"母亲大人"（Madame Mère）莱蒂齐娅·波拿巴（Letizia Bonaparte）[1]的画像。此画被强加了一股发自本能的敬畏，从画中跃出一位高大、瘦弱，因年事已高而略微佝偻，但却充满尊严和气度的妇人形象。在她看来，"这位皇帝王朝的赫库柏[2]"是罗马贵妇人最理想的人格化体现：她是一位在古代恺撒们的废墟间行军的当世恺撒的母亲，哭悼自己名扬四海的儿子。

有时候，不恭的嘲讽支配了她笔下的人物像，比如，她在谈到阿尔巴尼（Albani）伯爵夫人时写道，她身上并没有残留能够合理化阿尔菲耶里的激情的美貌。但玛格丽特随即补充说，不能一厢情愿地以为诗人们一定会被美丽吸引，因为正是他们赋予了一种想象的美丽，它比实际上的样子更诱人。

她对考古学家威廉·盖尔（William Gell）的速写充满深情。他是布莱辛顿夫妇的朋友，生活在罗马和那不勒斯之间，被一大堆书本、地图、浮雕、图案、一把吉他和三条狗包围着。他多年来饱受风湿病和痛风之苦，然而，尽管双手肿胀、长满脓疱，他却极其

---

1　她是拿破仑的母亲，"母亲大人"是拿破仑称帝后人们对她的尊称。

2　特洛伊国王普里阿摩斯之妻，赫克托耳、帕拉斯、女先知卡珊德拉等人的母亲。

《莱蒂齐娅·波拿巴像》（1801），罗伯特·弗朗索瓦·莱夫尔绘

细心地握着铅笔或鹅毛笔，异常迅捷和准确地画图样。

就连在死者面前驻足的时候，玛格丽特的目光都能充满慈悲地保持对细节的锐利感。在造访那不勒斯的圣基亚拉（Santa Chiara）地下小礼拜堂时，她观察发现一些风干的遗骸穿得像活人一样，衣服下隐藏的绳索在腰部支撑遗体。在这骇人的展览中，让她尤其害怕的是一位婚礼当天死去的女青年的模样。她穿着新娘子的衣服，头上戴着橙花编的小花环。她的头发垂在脸上，仿佛想要掩饰死亡对美丽取得的胜利。

她对画像的描摹同样生动，比如她在佛罗伦萨雕塑家巴尔托里尼（Bartolini）的工作室中看到的大理石半身像：盛气凌人的绅士长着酷似鹈鹕的双下巴；形迹可疑之徒大腹便便，需要额外的大理石石料才能雕成，而颅相学家很可能从被他硕大的假发遮住的头颅形态中归纳出让人警觉的报告。

在各种各样的相遇中，嘲弄之意很可能频频出现在讥讽的微笑中，正如她在访问威尼斯的犹太人商铺时，有人向她兜售"最后一位督治马宁（Manin）的墨水瓶"。在这些情形中，被漫画笔法扭曲的并不是面貌特征，而是作为漫画身份被使用的语言。实际上，商人建议她买下所谓的历史遗物，并称之为一笔相当了不起的交易——"de vonderfool pargain"，操着他那有浓重隔都德语腔[1]的英语大胆补充道："夫冷，怎好好想想，他可四末代督自，增四笔划算森意啊。"（Only tink, Matame, da last Toge, 'tis a real pargain.）[2]

─────────────

1 当时的犹太人分布于欧洲各大城市的犹太隔都（ghetto），即犹太人聚居区，发展出自身独有的方言俚语，被称作隔都腔、隔都口音。
2 此处译文想要表达商人的口音，正确写法应该是"the wonderful bargain"和"Only think, Madame, the last doge, it's a real bargain"（夫人，您好好想想，他可是末代督治，真是笔划算生意啊）。

玛格丽特·布莱辛顿旅途中常常出现的一项特征在于，她对那些我们可以称之为艺术家故居的地方，以及故居中的拜物泛灵崇拜，抱有浓厚兴趣。在进入意大利之前，这位女旅行者曾在科佩的德·斯塔尔夫人城堡、洛桑的吉本故居以及随后日内瓦的卢梭故居停留过。然而，她在费内（Fernay）的伏尔泰故居耽搁的时间更长，那里的访客撕扯床上华盖状的帷幔，几乎将其偷个精光，而在这些帷幔底下"曾经休憩着的那颗头脑，其思想传遍整个欧洲"。玛格丽特在参加了一场追思盛宴，并在席间扯下一片帷幔之后，盯上了放在房间中央的一只黑色大理石花瓶，瓶中盛放着伏尔泰的心脏。它就像一块真正的磁石，伏尔泰的仰慕者们会在它跟前鞠躬。

　　在意大利，遍地都是历史的鬼魂，它们令古老的宅院充满了回声。玛格丽特曾偶然孤身一人身处庞贝的一间房子中，其四壁覆盖着绘画，地板上铺着马赛克。她觉得自己闯入了一间刚刚被遗弃的住宅，而她的同伴们从其他建筑物中传来的声音似乎是那些去世的居民发出的，他们责备她偷偷潜入这座小小的家庭圣坛。

　　当布莱辛顿一家和德·奥塞、威廉·盖尔一起租住布拉恰诺（Bracciano）城堡时，玛格丽特觉得那里是安放一段鬼魂历史的理想场所；她说盖尔拒绝一个人睡在分配给他的房间里。在北上回程中，位于欧加内丘陵（colli Euganei）的彼特拉克最后的居所，连同他的坟墓和年深日久的陈设，给她提供了沉浸于一贯的恋物癖好、抒发思乡情感的契机：诗人曾被人发现晕厥在那张马马虎虎雕刻而成的橡木椅子上，而"他心爱母猫的遗骸"也被及时地保存在那里。此外，阿尔夸（Arquà）的故居不但寄寓古老事物的记忆余痕，而且还保存着若干年里造访此间的那些人的触摸不到的身影，包括在访客登记簿上创作过一首十四行诗的维多利奥·阿尔菲耶里，和特蕾莎·甘芭·圭乔利（Teresa Gamba Guiccioli）一同进行爱情朝圣来到此地的拜伦爵士。圭乔利曾凭记忆背诵了"意大利妇女的诗歌偶像"彼特拉克最优美的抒情诗。

玛格丽特颇有资格说拜伦是她的偶像,她在1824年让丈夫买下了拜伦的游艇"玻利瓦尔号",以此作为襄助诗人履行希腊使命的捐赠。自打获悉诗人去世的消息,布莱辛顿夫妇就在停泊于那不勒斯的船上反复进行特别悲伤的召唤记忆的仪式:"我们在自家的玻利瓦尔号游艇上吃了早饭,就在拜伦写下大部分《唐璜》的那间舱室。那些无生命的物件强烈地让我们回想起一去永不复返的人们!他写作用过的桌子,他躺卧过的沙发,还有他拥有这艘游艇时同样位置的陈设,全都让我怀念拜伦,就好像他活生生地在我跟前。"

1828年,布莱辛顿夫妇在旅程近乎尾声之际造访拉文纳的圭乔利伯爵府,拜伦曾在此处生活过两年,此行理所当然地更加激动人心。拉文纳的逗留是在极为糟糕的预兆下发生的:整个地区一方面在革命的咆哮声中瑟瑟发抖,一方面听凭教皇特使、枢机主教阿戈斯蒂诺·里瓦洛拉(Agostino Rivarola)的摆布。经过城门后,布莱辛顿一家没有发现活物,却在一片悲惨的、让人毛骨悚然的沉默中接受吊在绞刑架上的几具尸体的迎接:"鬼一般的脸被随风飘动的头发和长长的胡子弄得越发可怖。他们的眼睛似乎从眼眶里鼓出来,舌头从皱缩的嘴唇里悬垂着,做出可怕的怪相。"我们可以说,和拜伦鬼魂的首次遭遇发生在城中唯一留宿外国人的旅店:在那里,玛格丽特·布莱辛顿再一次用目光扫向那些诗人必定注视过的摆设和物品。当时特蕾莎知道自己身患重病,拜伦为了得到她的消息,气喘吁吁地从威尼斯赶来。

接下来是对圭乔利府邸的造访。这座建筑格局宏大,有一道气派的入口,一排壮观的宽大楼梯,以及各式各样的房间,在那里,拜伦作为年已六旬的亚历山德罗·圭乔利(Alessandro Guiccioli)

伯爵的妻子特蕾莎的侍从骑士被款待。玛格丽特从给访客当向导的门卫那里得知，府邸某一层的套间被分配给诗人租住，包括一间尺寸可观的大厅，根据他的倡议，墙上绘有提香的两幅名画的复制品，其中就有乌尔比诺的维纳斯。在听了空空荡荡、如鬼似魅的废弃宅邸的看门人的叙述后，玛格丽特心中很可能重温了诗人常常"以十分怪异的方式"消磨的日子。他骑马进入松林，在特蕾莎（对于她，拜伦有时似乎扮演家庭教师的角色）的陪伴下度过夜晚，并撰写《萨达纳帕卢斯》或《唐璜》的第五歌直至深夜。

在日志中，圭乔利府邸担负着让玛格丽特极其鲜活地回忆起她和拜伦的初次相见的功能。那次见面发生在四年前的萨卢佐大院（Casa Saluzzo），那是热那亚附近阿尔巴罗（Albaro）的一间别墅。特蕾莎、她的父亲，以及她的兄弟彼埃特罗·甘巴（Pietro Gamba），因为被怀疑从事颠覆活动，先是被拉文纳驱逐、继而又被托斯卡纳大公国驱逐，此后拜伦与他们三人迁居于阿尔巴罗。

从出发踏上壮游的那一刻起，玛格丽特就渴望与拜伦见面。她写道，自己曾想长期停留在热那亚，因为她曾在这座壮丽辉煌的城市中遇到过这位阴郁的诗人、一系列喧嚣丑闻中央的宿命英雄、在英国戏弄伦理和社会常规的天才叛逆者。"我盼望拿他和我自己心目中创造出来的美好理想（beau ideal）做个比较，"她说，"并判断人们围绕他所写的东西到底在多大程度上是正确的。"抵达这座利古里亚海城市后，女旅行者几乎颤抖着在日志上记录："可我真的和拜伦在同一座城市吗？或许明天我就能见到他了！我从没感到如此迫切的见一个人的愿望，而我只是通过他写的东西才认识他。"随后，为了捍卫神话，她在一条意味深长的旁注中补充说，希望他可别胖乎乎的，就像莫尔在威尼斯描述的那样。

和诗人的第一次见面让人失望，他是个苍白、瘦削、没精打采、衣着马虎的男子，一绺灰白色的头发垂在肩膀上。她觉得他幽默、爱挖苦，而且特别有活力，活脱脱就是《贝波》（*Beppo*）[1]和《唐璜》的主人公，但并不符合她的忧郁诗人的理想。在这番互相试探中，拜伦在写给诗人莫尔的一封信中反过来谈论她，说觉得这位女士非常文雅、非常端庄，是那种意大利的太阳未曾像烛火之光一般频频照射在她身上的美人。然而，二人在很短的时间内就建立起心照不宣的默契，这很可能诞生自逃离各自过去的双方共有的、觉得自己被所属社会厌恶和排斥的情感。这种情感无处不在地体现在《与拜伦勋爵谈话录》（*Conversations with Lord Byron*，1834 年）一书中。

这本书鞭辟入里地描绘了他的人格与诗格，是长时间交谈以及独特亲密关系的成果。在这种关系中，女作家不求回报地给予诗人率真、宁静的女性友谊。她写道，倾听一位拥有最杰出天赋的人士，并以他本人为主题展开长时间谈话，此中蕴含难以描述的吸引力，尤其是当他毫无装腔作势之态的时候。这就好比阅读他的日记，里面讲述任何其他素材都无法道出的本人隐秘。他时常不耐烦，有时被反复纠缠的问题弄得发起火来，然而却始终惊讶于玛格丽特灵活的才智、她的坚强意志以及敏锐的悟性，转而不再视她为一介妇人，而是一位体谅的知心女伴。

在这幅诗人画像中，让人吃惊的是，出于个人经历，女作家也擅长准确地辨别对话者的真情实感和他通常用来隐藏自己的自负傲慢。实际上，她并未任由自己被他爱出风头的癖好欺骗，更不用说被吓唬住了。面对他不加掩饰的暴躁脾气，她反倒觉得自己更坚定了突显这位天才人物真实性格的决心，将他从舞台和人为的虚构中

---

1　《贝波：一篇威尼斯故事》（*Beppo, A Venetian Story*）是拜伦创作于 1817 年的长诗。

《乔治·戈登·拜伦勋爵，诗人》，托马斯·劳伦斯绘

释放出来。为此，诗人那些由玛格丽特转述的警句，时至今日仍然掷地有声。比如，他宁要希腊的一张茅草床、一块布满苔藓的石头，也不要西敏寺的一座大理石陵寝。正是这种风格使得他充满人情味，从而维持从青年时代起就吸引她的如神话人物般的生机活力。这位神话人物陪伴她度过意大利之旅，如同向导似的为她奉上浪漫忧郁的朝圣者的《恰尔德·哈罗德游记》（*Childe Harold's Pilgrimage*），并树立对本国人冷嘲热讽的典范。那些本国人在意大利的举止无不带有一贯的偏见，他们不遗余力地忘记自己是"诸民族的尼俄柏"的客人[1]。

玛格丽特·布莱辛顿深知，她将永远不会摆脱拜伦的鬼魂，不管以什么样的方式、什么样的外表，他都可能出现在她面前。据日记记载，在和诗人会面时隔五年后，她身上发生了一件奇怪的巧合，而且仍然是在热那亚——她在返程途中在那里稍事停留。在阿瓜索拉（Acquasola）散步时，她偶遇一个十二三岁的英国小姑娘和一位女士一同走着。她先前从未见过这名少女，然而却凭本能，立刻在她身上察觉出某种熟悉的东西：椭圆的脸蛋、明亮的眼睛和专注的眼神，这些特征不得不让她想到那位独一无二之人。玛格丽特被她深深地打动，便向女士问起少女的名字。她叫阿达（Ada），是拜伦和安娜贝拉·米尔班克（Annabella Milbanke）的不幸婚姻中所生的女儿。诗人曾将她那张和他本人酷似的袖珍画置于书桌上。在谈话过程中，诗人曾向她长时间谈及自己的女儿："他们对我说她很有天分。我不希望这样，我尤其不希望她想当个女诗人！"阿

---

1　尼俄柏（Niobe）是希腊神话中的一位女性，因夸耀自己生养众多触怒阿波罗。后者杀死其全部子女，尼俄柏遂化为一块流泪的石头。这句话出自《恰尔德·哈罗德游记》第四章第七十九篇："许多古国的尼俄柏！失去了冠冕，站在这儿无言地伤悼。"

达将不会遵从父亲的期望，因为她不但才华横溢，而且还将成为一位卓越的数学家，"数字仙女"，正如同事们称呼她的那样。这位少女当时和母亲生活在热那亚，四处寻找某些能够让她了解那位毫无印象的父亲的凭据。那么，有谁能比玛格丽特·布莱辛顿更好地替她创作一幅逼真的拜伦画像呢？

# 第十五章
## "在这片天空下，就连苦难都不一样"

当伦敦书商们展出玛丽·雪莱的旅行著作《1840 年、1842 年和 1843 年德国、意大利漫行记》（*Rambles in Germany and Italy in 1840, 1842 and 1843*）时，他们的晦暗不明的橱窗仿佛已经预见到了结果。《观察者》（*Observer*）的一位匿名审查员为她以及广大女性作出了判决，认为政治是内心的事情，就像人们最根深蒂固的性格那样，不属于头脑。这位审查员的话充满愚昧的偏见，尤其对这样一位女性来说很不公正：她是英国旅行界少见的榜样，长期以来喜爱钻研英国的政治和文化状况，试图将本国同胞从泛滥的陈规陋见的枷锁中解救出来。此外，玛丽·雪莱是位极其保守的女性，但又具备天才的、难以预见的、惊人的创造力，擅长虚构故事。凭借《弗兰肯斯坦》和《最后一人》（*The Last Man*），她采用介于科学幻象和末日浩劫之间的主题，为小说开辟了新的方向。尽管纯属空想（谁还不记得詹姆斯·菲尼莫尔·库柏［James Fenimore Cooper］的《最后的莫西干人》？），但人们做梦都没想过自己会以如此合情合理的方式，在全人类都被卷入其中的前景中面对这样的故事。尽管如此，和她情感生活中的一桩特殊难题联系在一起的是这本游记的出版而非其中的理念，看似自相矛盾地为《观察者》胸襟狭隘的恶评提供了某种不在场证明。

在玛丽的这本《漫行记》出版前一年即1843年，为了让儿子珀西·弗罗伦斯（Percy Florence）能够品味意大利的天空、风景和艺术的魅力，从而爱上这个国度，玛丽·雪莱进行了一次旅行。在回程途中，她停留于继妹克莱尔·克莱蒙特[1]位于巴黎的家中。她在那里结识了一些经常往来于沙龙的意大利流亡者，他们是在1831年骚乱后出逃的。其中有位风度翩翩的纨绔子弟费尔迪南多·加泰斯基（Ferdinando Gatteschi），他起初是菲利波·波纳罗蒂[2]的追随者，此后加入青年意大利[3]组织。尽管被一段时间以来折磨她的疾病弄得虚弱不堪，但玛丽不是没有注意到这位青年的外貌和谈吐。她在记忆深处觉得此人就是意大利活生生的象征，而且像她一样美丽却痛苦、不幸。玛丽的悲惨往事回忆，加之仪态无可挑剔的加泰斯基不停向她讲述烧炭党人被警察追捕的离奇冒险经历，最终在玛丽心中打开了缺口。长久以来被压抑在哀悼和时间灰烬下面的情感在她身上被重新点燃，并表现为迫不及待地救济这位青年的挂念。和所有流亡者一样，他的手头也很拮据。玛丽在冲动之下慷慨解囊，借了一些钱送给他，随后，意识到旅行著作在当时出版销路颇佳，她就打算将最近欧陆远足的笔记浓缩成一本书，以便把获益转交给这位流亡者。反过来，后者有义务向她提供消息，

---

1　克莱蒙特（Claire Clairmont, 1798—1879）的母亲玛丽·简·戈德温（Mary Jane Godwin）于1801年改嫁给玛丽·雪莱之父威廉·戈德温，于是二人产生继姐妹关系。1817年，克莱尔·克莱蒙特与拜伦生下一私生女阿莱格拉·拜伦（Allegra Byron）。
2　菲利波·波纳罗蒂（Filippo Buonarroti, 1761—1837），意大利空想社会主义者和革命家。1793年起成为法国公民。
3　青年意大利（la Giovine Italia），19世纪意大利的政治团体，由马志尼创建于1831年，致力于意大利民族的统一。

介绍本国风起云涌的政治局势、此起彼伏的骚乱以及秘密会党的活动的消息。一段置身意大利和意大利人之间的旅途本应从中脱胎，且创作时机对他们的历史和命运来说至关重要。然而，就在玛丽意气风发地为这本即将在伦敦出版的书辛勤工作时，加泰斯基却拿着富有贵妇人们的金钱在巴黎肆意挥霍。

玛丽作品的收益似乎重新点燃了二人之间的关系，加泰斯基赶赴伦敦与她会合，并摆出一贯笑里藏刀的姿态，请求已不再年轻的女作家嫁给他。与此同时，他令她陷入可疑的非法交易中，其中包括他试图把一幅作者不明的提香画作的伪作骗卖给国家美术馆（National Gallery）。但后来，随着钱财的耗尽，这段轰轰烈烈的爱情故事变得淡薄，加泰斯基不得不摘下假面具。通过来历不明的同伙、某个卡洛·圭泰拉（Carlo Guitera），加泰斯基着手勒索玛丽，威胁要公开她寄给他的私密信件，以此索要更多钱财。这些"愚蠢而轻率的信件"——就像她这么称呼的那样——似乎包含了这位女士当下和过去私生活的一些隐私细节，以至于无论如何都会令她暴露于大众的耻笑之下。身为女性主义者玛丽·沃斯通克拉夫特和激进哲学家威廉·戈德温的女儿，玛丽对丑闻习以为常，青年时期和一位已婚男子的私奔已经令她亲身直面过社会的排斥。但是，面对蛮横的勒索，她再也坐不住了。"我可以宽恕残忍，但不能宽恕完全缺乏常识"，她在给克莱尔的信中辛酸地写道。儿子珀西·弗洛伦斯可能会得知母亲所作所为的不测令她陷入恐惧。

不过，就这么一回，冒失的慷慨大方的性格让她赢得了回报。珀西的朋友、穷困潦倒的青年诗人亚历山大·安德鲁·诺克斯（Alexander Andrew Knox）挺身而出援助了她。玛丽曾自己花钱带他到意大利，并赞助他的艺术生涯。诺克斯在巴黎警察圈子里有一些门路，他以流亡意大利人从事所谓的颠覆活动为

《1840 年、1842 年和 1843 年
德国、意大利漫行记》封面

由，成功地让人搜查了加泰斯基的住所，并没收了那些信。这样，
它们就能回到寄信人的手中，而后者立刻将其销毁。和加泰斯基的
情缘对玛丽·雪莱来说是一段嫉妒、恐慌、羞愧、悔恨但也合乎人
性的历史，揭露了这位女士在其坎坷的人生中即使不去掩饰，然而
也始终加以控制的情感冲动和脆弱。

　　尽管在情感的表达方面有所控制，在写作方面字斟句酌，《漫
行记》记述了一位有创造力且不安分的女性行经德国、捷克斯洛伐
克、奥地利尤其是意大利的旅途。正是在二十年前的意大利，她和
雪莱一起经历了人生中最激昂的瞬间，以及最悲惨、最痛苦的时刻。
玛丽在一封信中似乎暗示了驱使她写作此书的虚幻动机，至少部分
是这样。她在信中请求她在 1819 年结识的西德尼·摩根给这本书
写评论，并坦白为这本书付出的焦虑和痛苦远多于她所能表达的程
度。女作家多年来靠着自己的劳动所得生活，而在这个特殊的例子
中，她撰写了一部能够符合当时的口味和惯例的作品。作为女作家，
她怀着心照不宣的谦卑，在信中自居为男旅行者的"惹人闲话的平

凡旅伴"。然而，玛丽从开篇起就采取了讲述自身经历的态度，她的目标是告知正要出发的人们，并向他们传授教导。她承认，自己在马车上随身携带着导览簿和实用的袖珍手册，即使在旅行期间她主要引用具有突出文学价值的良师以及朋友们的观点——但丁、蒙田、弥尔顿、罗杰斯（Rogers）、拜伦、美国人菲尼莫尔·库柏，在艺术品方面则援引阿莱克西-弗朗索瓦·利奥。此外，除了假托的教育目的之外，正是细节之处揭示了这位女性的广博多闻、多才多艺。对那些习惯于"更多地用灵魂而非用双手"创作的原始画家的发现便是一例。他们的作品吸引利奥从宗教"虔敬"（pietas）的方面去研究 14 世纪和 15 世纪修道院掉色的墙壁，以及残破的隐修院中如今已被人遗忘的尽头，而安娜·詹姆森是从肖像画的视角去研究的。

另一方面，她感知一个地方的潜在魅力的本领引人注目，她断言，当时尚在兴建中的威尼斯铁道桥将会夺走这座城市的浪漫光环。过去，威尼斯的光辉由于丧失了海洋、贸易和艺术方面的优势而萧条，而这样的光环正是它最后的遗产。还是在威尼斯，她在称赞了圣马可广场"粗蛮的宏伟和东方风情"后，被出现在面前的凤凰剧院这座气势恢宏的"仙女王国的舞台"迷倒。零星闪现的幸福灵感反映了该书零敲碎打、不循常规的一般特征。书中还写了一些意大利人，他们以各种方式成为叙事的主角，他们不但为了摆脱物质的枷锁而奋斗，而且想要摆脱束缚灵魂、故步自封的枷锁，于是这些人赋予了这个国家新颖、大胆、有活力的特征。女作家列举了这些不祥而陈腐的生活方式以及诞生自迷信的态度：淫荡、卑屈、懒惰、丑恶、暴力。它们全都是古已有之、被人滥用的诨名，在英国同胞们听来耳熟能详。玛丽针对的正是后面这群人，请求他们抛弃老生常谈的刻板印象。这些成见无视一个民族重新觅得的生命力，否定历史本身的变化。但为了做到这件事，女作家继续写道，需要变成正在造访，或正在其境内暂居的国家的一部分，与其居民打成一片、亲密无间，并过上他们的生活，不然的话就只是视而不见、观而不思罢了。从她的这一态度中，似乎可以捕捉到她的母亲玛丽·沃斯通克拉夫特的话语回声，她曾敦促本国同胞不要参照被滥用的衡量标准去评判外国文化："那些妄称每个民族与本民族相似的旅行者最好还是待在家里。"外国旅行者应当始终牢记，玛丽·雪莱凭着对意大利不寻常的、人情味十足的同情姿态断言，当他们访问该国时，会获得一项意大利人得不到的特权：能够随心所欲、拥有充分行动自由地享受大自然与艺术的美好、气候的宜人、过去的回忆，以及生活在他人当中的欢乐。

总的来说，这本书是小品文式样素材的汇集，由旅行的叙事线索补充完整并集合到一起。然而，在这样一部如此混杂的作品下面还涌动着另一份时不时冒出来的文本，它像岩溶现象一样断断续续、难以预料，紧紧地拖拽着过去的碎块和片断。有时候她会重温其他旅行途中的场景和感触，比如当她访问瑞士时就表示，面对阿尔卑斯山的"冰海"和雪崩，她不由自主地想到，大自然具有庄严但危险的特征，而在意大利，同一个大自然却是温顺且友好的。在频繁得多的悲情和痛苦时刻中，一些地点令回忆浮上心头。游览布伦塔（Brenta）期间就发生了这样的事，当时女作家回首二十年前，重新想起年幼的女儿克拉拉·埃维丽娜（Clara Everina）的临终时光。雪莱夫妇在定居意大利期间，常常带着她过着东奔西走、难以为继的生活，因此她罹患痢疾、不幸夭折：

> 死亡凌驾美景之上。我凝神内省，"用心灵的眼睛"
> 看到了那些辞世许久的人……没有一棵树或一座别墅不被

打上回忆的标记，在那个时候，生与死完全取决于我们抵
达威尼斯的快慢。

上文是一段伤心的回忆，却受到理智的看管和冷却，正如莎士
比亚引文 [1] 所证明的那样。同样的情况也发生在佛罗伦萨，她有一
次在那里试图约束在访问乌菲齐过程中满脑子乱窜的幻觉；在罗马
同样如此，她在朝拜切斯提亚金字塔（Piramide Cestia）时，徒劳
地找寻得疟疾去世后被葬在彼处的儿子威廉，以及葬着丈夫骨灰的
墓地；最后她简短地总结道："我青年时期的珍宝被埋葬于此。"
就连最寡淡的天气预报都逃不出过去的烙印。玛丽和儿子踩着脆弱
的船板在苏莲托乘帆船航行时，她一边观察大海，一边回想起如同
梦魇一般导致丈夫遭遇海难的那场风暴：

> 没有什么比西罗可（scirocco）风更奇怪的了：大海
> 在一刹那间就天愁地惨，变成了石板岩的铅灰颜色……大
> 风在距海岸不远处玩起卑鄙手段，像一台汽轮机似的到处
> 搅动海水，只见漩涡从唯一的中点处生成、扩大并消失。

在调和由情感和回忆组成的个人经历，以及对一个具备所有伟
大禀赋的民族的思考过程中，意大利被这位女作家确定为天选之地
和第二祖国。自从青年时代的第一次旅行起，回到英国反倒让她觉
得自己是背井离乡的异乡客。

玛丽·雪莱的青春岁月是在十年或将近十年的无尽漂泊中度过

---

1 指上段引文中的"用心灵的眼睛"。

和耗尽的，始于 1814 年与珀西·比希·雪莱为爱情私奔，一路行经法国、瑞士、德国和荷兰。逃亡之旅在一本"简简单单的小书"《六星期旅行史》（*History of a Six Weeks' Tour*）中被讲述。该书是两人合写的，此外还补充了 1816 年日内瓦湖和霞慕尼（Chamouni）冰川的远足。在欧洲腹地进行短暂环游的过程中，两位逃亡者见证了随着复辟来临即将改变欧陆命运的关键历史时刻。随后的莱茵河之旅，秀丽如画的城堡和阿尔卑斯山的壮阔景色，将一种带有启蒙主义色彩的地形学敏感转化为出尘脱俗的浪漫主义凝思。不久后的 1818 年初，出于为诗人健康着想的托词，尤其是为了逃脱社会的谴责和债权人迫在眉睫的要账，他们打算以意大利作为这趟自愿流亡的终点。此外，考虑到诗人的过错，作为两个孩子——威廉和克拉拉的父亲，这一选择还能让他避免失去孩子的监护权。然而，珀西、玛丽以及她的继妹克莱尔·克莱蒙特独特的"三人结伴"之行并不是他们无数同胞进行的那种传统意大利壮游，相反，至少在最初阶段是一段难受的流浪，辗转于托斯卡纳沿海地区和毗邻的内陆地区，寻觅有益健康、如诗如画、生活成本和房租低廉的落脚点。在比萨、利沃诺、巴尼·迪·卢卡三角区的不断迁徙与其说是旅行，倒不如说是不得安宁的搬家，从一处住所转移到另一处住所，怀中抱着的孩子在疏忽与艰辛中成长。

　　雪莱夫妇和同行的克莱尔临时居住的艺术家之家里塞满了书籍、废纸、琐碎物品、粗劣食物，他们在其中阅读、写作、朗诵、校对，并在那里开创了一个开放的共同体，在这个共同体当中，调整亲属和友谊关系的条条框框、清规戒律全都以自由之爱的名义被颠覆了。巴尼·迪·卢卡山上早先名为贝尔提尼的基亚帕之家（Casa dei Chiappa）风光旖旎，是英国旅游者人尽皆知的温泉胜地。玛丽称此地虽小但很舒适，粉刷着壁画，陈设颇为妥帖。房屋的正面像一只螺丝起子似的对着陡峭和曲折的道路，并显露出利马山谷另一边密匝匝长满林木的丘陵。而在背面则是一座花园，长着围成圈的月桂树，是阅读古典文学的理想之地。利沃诺南部的瓦尔索瓦诺别墅（Villa Valsovano）在 19 世纪末沦为废墟，就好像是一间佃农的宅院，玛丽用特别田园牧歌式的词语描述它：酷热的夏天正午时分，收庄稼的人会在它的窗户下歌唱，一座水磨坊在它附近吱嘎作响。在建筑物中央挺立着一座塔楼状的鸽舍，诗人常常躲在里面写作和学习。比萨附近巴尼·迪·圣朱利亚诺的普令尼之家（Casa Prinni）容易被洪水淹没，让人特别不适，因为它坐落在连通塞尔基奥（Serchio）河和阿尔诺河的运河附近。玛丽在一封信中写道，见到农民们从被淹没的平原赶着牲畜前往高处的山丘，这场面像是一幅画一样。为了方便渡河，他们点起一堆篝火，火光映照在空地上，将其变成一汪晃得人眼花的湖泊，上面浮现出人和牲畜的黑色轮廓。

仓促而悲惨的威尼斯迁居之旅打断了在托斯卡纳乱糟糟的逗留。恼怒的克莱尔想要获知阿莱格拉的消息，那是她和拜伦的女儿，由拜伦带在身边抚养。应她的请求，他们在 1818 年盛夏动身，随即来到了埃斯特（Este）。在那里，雪莱夫妇被款待住进了卡普契尼别墅（Villa dei Cappuccini），那是拜伦在欧加内丘陵上的夏季住所，玛丽称之为一座哥特式的森严古堡，里面住着让她毫无睡意的猫头鹰和蝙蝠。

结束威尼斯插曲后，雪莱一家根据国际旅游的传统，沿着半岛展开行程——他们真正的意大利之旅——造访了罗马、那不勒斯，一直到帕埃斯图姆（Paestum）。这是女儿在威尼斯死去后的一趟散心移情和自我麻醉的旅行。女儿的死是一次突如其来的打击，正如诗人所说的那样，这件事令玛丽陷入绝望。在日记中，玛丽从容地采用专注但果断的游客笔调来描述此次旅行。比如，她沿着弗拉米尼亚大道，遍览里米尼的奥古斯都桥、梅陶罗（Metauro）河附近的哈斯德鲁巴（Asdrubale）山、具有"普罗米修斯式场景"的福尔洛（Furlo）山口、轰鸣声震耳欲聋的马尔莫雷瀑布，分别注明那里的古代往事和纪念碑，同时也没有遗漏福松布罗内（Fossombrone）和斯凯贾（Scheggia）等地极其差劲的旅店，她在那里习惯于完全和衣而卧。雪莱一家在那些拜伦称之为主要城市的地方完成了仪式性的远足：在那不勒斯，他们参观完市中心和博物馆后，骑着骡子攀上维苏威火山，以便饱览"液态火焰的海洋"；接着又去了巴亚、阿尼亚诺湖、米塞诺海岬、苏莲托、萨莱诺、帕埃斯图姆，以及被掩埋的埃尔科拉诺和庞贝两城，还有卡塞塔王宫。返回罗马后，在更长的第二次逗留期间，他们交替着参观，或是依据个人口味，比如逐件逐件地考察古典和巴洛克雕塑，以及历史宫殿中的绘画收藏；或是随大流，比如前去观赏"圣彼得大教堂圆顶的节日灯饰和烟花表演"。对雪莱而言，遍地雄伟废墟的罗马构成了源源不断的灵感，他在城中不间断地登高与探幽，而对于觉得自己刚刚翻过了人生悲剧一页的玛丽来说，罗马意味着重新找到了生活的意愿。

旅行结束后他们重返托斯卡纳。寻找有利的状况以及从一个地方到另一个地方的频繁搬家造成了新的精神不安。在拜伦和其他本国人抵达比萨后，友谊的圈子扩大了。这样的圈子往往演变为暧昧的男女杂处。在这一时期，经常来往雪莱夫妇家的客人中有位喜欢冒险的作家爱德华·特雷洛尼（Edward Trelawny），此人在书中定格了一幅罕见的玛丽形象：她是位长着安详的灰色眼睛的女子，举止庄重，说着仿照文学巨匠们的典范锻造出来的语言，善于劝说胡思乱想、被诗人的玄妙世界吸引的访客脚踏实地。马尼之家（Casa Magni）是雪莱夫妇的最后住所，位于莱里奇（Lerici）附近圣特伦佐（San Terenzo）贫穷的渔民小村，这座住宅面朝大海，被海浪拍打，孤零零的很不舒适，什么都缺，还得和朋友爱德华·威廉姆斯、简·威廉姆斯夫妇合住。玛丽写道，大风反复无常的击打令海湾布满泡沫，并呼啸着冲撞暴露在恶劣天气之下的房屋，而在她脚下不停咆哮的大海似乎要将房子变成一艘任由海浪摆布的战舰。通过这些凄凉的印象，她似乎预感到了诗人的船"阿里埃尔号"（Ariel）的失事悲剧。不久后的 1822 年 7 月 8 日，珀西·比希·雪莱、他的朋友爱德华·威廉姆斯以及一位见习水手将会在从利沃诺返回途中，在这条船上溺水身亡。和简·威廉姆斯一道身处圣特伦佐的玛丽在一份具有戏剧表现力的提要中概括了那个灾难的日子："在忧心忡忡的等待中，我们就这样被恐惧搅得心烦意乱，随后刮起了一阵停不下来的西罗可风，大海永久地宣布他们的葬礼哀悼。"同年 12 月，女作家觉得有必要在日记中简述自己近期生活中和诗人一道经过的站点，使之符合他们的旅行路线：巴尼·迪·卢卡、埃斯特、威尼斯、罗马、那不勒斯、利沃诺、佛罗伦萨、比萨……并称每个地方都是"同名章节的标题，其中的任何一章都包含比小说更曲折的浪漫故事"。不久后，尽管心中悲苦，且保持天生的谨慎，但她仍自信地写道："如今我孤身一人了……星星可以看到我的泪水，风儿可以畅饮我的叹息，但我的思想是一件秘宝，无法向任何人倾诉。"在阿尔巴罗的内格里托（Negrito）之家短暂停留后，玛丽回到英国，以便唯一的儿子珀西·弗罗伦斯能够在那里完成学业。

随着雪莱的去世，日记变成一位特许的对话者，而注释也无可比拟地越发庞杂，尽管有所保留，但仍以其哀伤且颇具个人私密性的笔调为主。一年后玛丽写道，自己想要利用注释说明，"以便在里面倾吐一颗浸满人生苦水的心灵的余绪"。但日记中也流露了她想要重拾作家行当的意愿。比如，她在这同一段时期的一则笔记中自问："如果我没有想象力作为伙伴，那我还能干什么呢？"她深知，脑力事务并不会抚慰心灵，却能约束思想不受控制的奔逸，因此就像她呼吸的空气一样必不可少。从古典著作那里习得的语言发明常常令她的对话者印象深刻，标志着渐进的、重新觅得的创造性幸福。与之同时发生的，是她感到新的"长翅膀的念头"涌现出来，以及当"冬季的日食"解放心灵时，为了能够将其转化为文字而喜悦。

在两段半岛之旅间隔的将近二十年当中，意大利、它的历史以及对它的人民的思念，在寒冷的伦敦宛如将双手凑到跟前的长燃之火一般：然而，它并非回忆过往的怀旧帮手，而是对想象力的活生生激励。在哀伤悔恨中，这个念头在最初时刻不可避免地显得麻木。"在我的处境中，"她于 1823 年 3 月写道，"意大利不是别的，只是短短几个月前的迷人仙女的尸体罢了。"但随着时间流逝、岁月暌违，她的回忆越来越具有幽怨的特征："为什么我不在意大利呢？意大利的艳阳、空气、鲜花、大地、希望全都关联着爱情、欢乐、自由，而在英国，一切都长着最沉闷的现实的嘴脸。"她所创作的小说和故事常常对意大利展开地形学描述，以此作为舞台背景。这些描述，撇开事件发生的时代不谈，回应了浪漫主义旅行者的敏感、虚幻的漫游，以及把外部现实当成灵感的源泉和表现力的刺激。这就好比说，女作家想要借助这些生动、强烈，但和内心的宁静相安无事的记忆碎片，向意大利献上她在日记说明中一度惜字如金的敬意。

总而言之，叙述的重点集中于区分作为研究和考察成果的、发生在过去的历史学和地形学真相，以及活生生地保存在回忆中的真相。这样的例子出现在以 14 世纪为背景的小说《瓦尔珀加》（*Valperga*，1826 年）中卡斯特鲁乔访问威尼斯的旅行。在书中，这座有着"永恒海洋铺成的街道、美丽圆顶和壮观宫殿"的昔日之城和今日之城针锋相对，后者"腐化"的居民被迫像干旱沟渠里的螃蟹一样瞎折腾。在别处，分辨的任务被直接交给了读者，正如在同一部小说中，罗马的壮景将女主角优塔娜希娅（Euthanasia）迷得神魂颠倒。在提到对"世界的女主人"留下来的光辉和持久的遗迹所负的义务时，她的视野和一个不确定的时代重合到一起："我终于呼吸到了那曾经激励过罗马英雄们的神圣空气，他们的影子会包围我，而我会数算那些带着他们烙印的石头。"但当同一位人物在城中散步时，却成了腹语术的艺人：她的声音实际上是第二次停留罗马期间的玛丽发出来的，就好像柯琳娜或是典型的司汤达式"闲逛者"（promeneur）。

> 我喜欢沿着特韦雷河岸漫无目的地晃悠，如果刮起西罗可风，那我就不妨追随从圣彼得大教堂和罗马的众多高塔上空飘过的云朵；有时候，我在俯瞰城市的奎里奈尔丘和平乔丘上散步，我看啊，看啊，直至在诗意的着迷中失魂落魄。

透过万神殿圆顶上的孔眼能隐约瞥见月亮，影影绰绰的月光给这座纪念碑内部的立柱洒上苍白的光芒。她在一封写给玛丽安娜·亨特的信中描述了此情景，并被《瓦尔珀加》的女主角引用：

> 我忘不了趁着皎洁月色访问万神殿的那个夜晚。这颗星球淡淡的光线从高处的孔洞中照射进来，周围的立柱闪闪发光；仿佛美神下凡降临到我的灵魂，而我在沉默的狂喜中坐着不动。

正如意大利其他所有浪漫景观一样，罗马的形象也是感性的、反射的，也就是说，是以激发感怀和回忆的文化作为媒介的。玛丽借小说《最后一人》的主人公里奥内尔·弗尼（Lionel Verney）之口提醒了这点。此人在描述他的戏剧性朝圣的终点时，用寥寥数行引用了安·拉德克里夫、拜伦、德·斯塔尔夫人：

> 我们以某种意义上无偿的方式将如此众多的小说归结到意大利人头上，这些小说取代了古人的庄严崇高。我还记得《意大利人》（*The Italian*）[1]中的暗黑修士和摇摆不定的人物，少年啊，以及读到其描述时我的心脏是怎么被揪得噗噗跳的。我想到了柯琳娜，当时她为了获得加冕而登上坎皮多利奥；从女主角过渡到作者后，我还细细思索过罗马迷人的精神是怎样绝对地支配了想象力丰富的头脑的。

1824 年 5 月，在正要动笔创作一部小说、描述将人类灭绝的大瘟疫后唯一幸存者的故事时，玛丽翻开日记本写道："最后一人！是的，我能够很好地表达那种孤单寥落的情感，因为我觉得我自己就是一个被人热爱的种族，也就是那些先我而逝的伙伴们的最后子遗。"数年后，儿子向她提供重返意大利的机会，先是前往科莫湖畔的卡代纳比亚（Cadenabbia），随后则是 1842—1843 年间由她亲自规划的一次货真价实的半岛远足，发生在仿照壮游的惯例进行欧陆环游之后。此行是一种手段，为的是纪念那些曾经激动人心的伙伴，并以私密和感性的方式，在那些为了爱情和智慧而狂喜失神的地方重温遥远的时刻。

---

1 安·拉德克里夫创作于 1797 年的哥特式小说。

# 第十六章
## 为了自己和他人的旅行

　　1853 年和 1854 年期间，在杰西·E. 韦斯特洛普从意大利寄给她的新教牧师兄弟的信中，一种同固执的决心相结合的强烈好奇心构成了基本特征，不但在探索和描述地方及其名胜时如此，而且涉及旅店、客栈和交通工具时也是如此。兄弟理所当然是出于权宜之计的收信人，而书信往来也只是修辞的伪托而已。有时候，这位英国女旅行者似乎被某种焦虑触动，尤其是本打算访问和描写的东西并无直接的收益和设想的好处时。然而，她不但设法在罗马、佩鲁贾和锡耶纳的远足当中表现了自己的顽固，而且在从拉齐奥直至翁布里亚和托斯卡纳的旅行中同样如此。可怜的马车夫马图莱罗对此有所领教，当他在特尔尼（Terni）坦率地向她宣布，由于时间问题无法带她去马尔莫雷瀑布的时候，不得不忍受来自她的抗议。女旅行者被迫让步，但她在佩鲁贾报复了一把。当时，在例行的给小费时刻，她威胁一个子儿都不给他，因为没能去成瀑布。不过后来她软了下来，承认自己一直得到他的关照。关于这位意志坚强的女旅行者，我们几乎一无所知，尽管浏览她题为《1854 年罗马、佩鲁贾和锡耶纳的夏季经历》（*Summer Experiences of Rome,*

*Perugia and Siena in 1854*）的 1856 年书信集，并观察她后来复制在石板印刷品上的绘画草图，我们能够一点点发现她的性情，并直观感知到她出发旅行的目的。

杰西·韦斯特洛普愿意接受旅伴，但她实际上是个很能自己料理事务的女性，为了自我利益的实现而高兴，以及正如我们将看到的，为了自身使命而旅行，直至觉得完全心满意足。在一封 1854年 6 月的信中，她阐述了游客——不论男性还是女性——为了充分享受罗马所应当做好的理想准备工作。首先，有此意图的游客应当受过古典文化教育，或至少熟知古罗马和中世纪历史；此外，不妨懂一点拉丁文，以便解读铭文；最后，在绘画和雕塑方面的丰富学识也不可或缺，这样才能饱览公共和私人画廊，以及艺术家工作室中的艺术作品。只有具有良好的教育背景，她总结道，才能真正地理解并欣赏一座充满过去和现在的珍宝的城市。比方说，在台伯河外一带独自散步时，她去了佩斯凯里亚圣天使（Sant'Angelo in Pescheria）教堂，为的是在那特殊的环境中，在头脑中重塑科拉·迪·里恩佐 [1] 研究如何从公卿显贵的桎梏中解放罗马时所处的氛围。这样就能一步步走进城市历史，正如她此后在佩鲁贾和锡耶纳所做的。她如此沉浸于时光倒流的旅行，以至于后来觉得自己犯了错，因为这种做法背弃了当下的现代性和进步。

她在罗马逗留期间频频参加圣公会教堂的主日弥撒，此事突显了她纯正的信仰。不但如此，她还参加了许多天主教的宗教典礼。喜欢刨根问底的性格以及这本书的文献记录功能促使她旁观富丽堂皇的罗马天主教仪式，这些仪式由无休止的敬拜祝祷组成，以栩栩

---

1 科拉·迪·里恩佐（Cola di Rienzo，1313—1354），意大利政治家，担任过罗马保民官。他出生在文中所说的圣天使教堂附近，也是在那里酝酿推翻贵族统治的。

如生的圣像画作为背景，并伴有圣乐演奏。她听了布道，其中赞扬告解的意义，并强调炼狱的作用，而这两者在新教教会中都是被人厌恶的。然而，好奇心令她战胜偏见并参加典礼，从而获得反思的灵感。她直言不讳地承认，在某个场合听到一位罗马天主教徒所做的有趣且有力的布道，"新教徒实实在在地能够从其中获得教益"。后来，她在访问基督教起源地时流露出虔诚之情，这几乎令她在马梅尔定监狱（carcere Mamertino）中坐立难安。此处是圣彼得和圣保罗在殉教前被关押的地方："噢，真是一个恐怖的所在！我在罗马没见过一个能如此深深震撼我的地方。从里面走出来并重新呼吸新鲜空气实乃解脱。"

马梅尔定监狱

但当旁观发愿出家的修女的祝圣礼时，她身上却产生了最强烈的悲痛。她在佩鲁贾见到两位修女，其中第一位"基督的新娘"是极其年轻的萝莎，为了自我惩罚，她选择了严格的嘉布遣修会。此事激起了她全部的怜惜。她写道，等到最初的非理性冲动烟消云散，时间缓和了曾导致她自我牺牲的创伤苦难后，萝莎将会为她所走的这一步哀伤地哭泣。从她的话语中，不但可以捕捉到她对那些出于可疑的觉悟而走上一条不归路的姑娘的人道悲悯，也能捕捉到在看到一条年轻的生命会被社会背景中一切可能的前途排斥出去时的不安之情。壮游旅行者传统上会访问封闭的女子修道院，那里被认为是施虐成性和钩心斗角的地方。此时，取代这种旺盛好奇心的是对于一种机构的痛苦的困惑，冲动造成的年少无知十分频繁地和这种机构联系在一起。

杰西·韦斯特洛普是她那个时代以及老家英国文化的女儿，她的举手投足就像那些具有中等文化的资产阶级妇女一样，她们在19世纪中叶踏上游览欧陆之旅，兴高采烈地从窒息的家庭氛围中解脱出来，愉快地信赖变化莫测的命运风向。这位女旅行者逗留罗马期间，命运披着鬼魅的外衣，以不容置疑的方式横加干涉。当时，一场始自那不勒斯的霍乱疫情正在教皇之城蔓延。于是，佩鲁贾就变成了寻找清新空气之旅的第一站。在当时，新鲜空气是免于传染的第一道防御工事。这座翁布里亚城市在1854年的几乎整个八月都成了一处有益健康的度假胜地，同时它还多次向逃离罗马的大量外国人敞开秀丽如画、乏人知晓的道路，并以其特韦雷河谷上方的空中景观令他们心旷神怡。杰西在热心向导穆雷的陪同下，参观了难忘的绘画遗产，并读到安娜·詹姆森刚刚出版的《神圣与传奇艺术》，"一本宝贵的书"。这座城市也容纳了一个欣欣向荣的德国画家聚居地，其中一些人属于奥维尔贝克（Overbeck）的拿

《马尔莫雷瀑布》（1826），卡米耶·柯罗绘

撒勒人[1]信徒团体，他们选择佩鲁贾作为夏季驻地，与另一驻地奥莱瓦诺（Olevano）交替使用。在佩鲁贾停留期间，杰西第一次让人们明白，她的旅行有一个完全不会在欢乐和文雅的个人消遣中耗尽的目的。如果说女旅行者一方面信任一位迂腐但消息灵通的教士堂·波尔菲迪奥，通过他来了解教堂、修道院、图书馆、艺术画廊，系统地、广泛地了解一切值得参观的东西，那么另一方面，她也常

1　拿撒勒人运动是 18 世纪浪漫主义艺术运动，主张新的宗教画形式。创始人是德国人约翰·奥维尔贝克（Johann Overbeck, 1789—1869）。

常求助于一位担任托尔洛尼亚钱庄（Banco Torlonia）[1]代理人的五金店店主，以便获得有关他收取信用证的银行机构的信息，客栈和旅店的信息及其菜单，以及外国人为了各种各样的使命而前往的城市部门的准确信息。

此外，她没有错过对拉·科洛纳（La Corona）旅店的陈设布置的描述，"典型的意大利旅社，里面缺了私人起居室"。于是，她的一举一动对于那些提前着手在意大利各城市组织旅行和歇宿的商社来说，就如同一位老练的旅游路路通一般。按照当时的旅行习惯，参观桑塔·玛格丽塔（Santa Margherita）门之外的城市精神病院是少不了的，"值得尊重的人们"每个周五都可以进入那里。在访问佩鲁贾和另一处文化名城阿西西之后，女旅行者在丘西（Chiusi）这个地方难以置信地饱览了当时仍鲜为人知的埃特鲁利亚奇观。她骑着一头驴子，在当地向导扎波洛尼的陪同下，于乡村闷热的盛夏寂静中一座接着一座地参观了大型陵寝。不久后，轮到切托纳（Cetona）和萨尔泰阿诺（Sarteano）向她展现其他艺术珍宝和沉迷于美景的契机。在向锡耶纳进发的途中，旅行的节奏越来越休闲和轻松，仿佛罗马恐慌的沉重包袱在风景广阔、空气纯净的山丘站点的交替中烟消云散了。

杰西·韦斯特洛普在意大利传统旅行中完成了一部激进创新的作品，见证了妇女在这一领域扮演的建言献策甚至是开创性的角色。尽管常常怀念罗马，但她的著作没有遵循刻板的半岛环游路线，而是偏重单个地方，并在这一领域为旅行者们发现了意大利中部各大小城市的魅力——不但有佩鲁贾、锡耶纳，而且也有丘西、切托纳、萨尔泰阿诺——也就是将会被外国游客当作原汁原味的艺术和历史

---

1　托尔洛尼亚家族是发源自罗马的商业贵族，在 18 和 19 世纪聚敛了大量财富。

宝匣青睐的"山间城镇"（hill towns）。抵达锡耶纳后，女旅行者通过直接经验告诉本国同胞，外国人若是打算停留一段时间，就应当把护照交给宪兵，并弄到一份临时居留证。住宿可以安排在托洛梅宫（Palazzo Tolomei）边上的黑鹰旅店或火车站附近不那么出名的摩尔王旅店。要想长期逗留的话，理想的做法是在市中心租一间公寓，或者，如果有可能的话，租一间山丘别墅。韦斯特洛普说自己曾就这两种选择向南契尼先生讨教过，他是一名修鞋匠，在托洛梅广场上有店铺，也给外国人当向导和杂役，因为他和佛罗伦萨、罗马的麦克维尔（Mc'Quay）、帕克南（Packenham）、胡克（Hooker）等旅行社有联络。

在同一时期，为了找到下榻之所，勃朗宁夫妇、美国雕塑家威廉·惠特摩尔·斯托里（William Wetmore Story）和小说家纳撒尼尔·霍桑等人也曾在偕同家人旅行途中求助过这位修鞋匠。杰西·韦斯特洛普和南契尼建立了一种友谊和团结的关系，毫不犹豫地称其为"她的同行"，因为她从事的活动和他的差不了多少。有鉴于此，她对于旅店的接待能力、烹饪以及意大利日常生活开支的细致关注就得到了解释，更不用说对意大利的官僚体制和盘剥勒索的关注了。在城市和驿站帮助旅行者的同一批马车夫和仆役被随和地对待，这种随和常常演变为团结一致的同情。杰西·韦斯特洛普并不是随随便便地将她的书命名为在罗马、佩鲁贾和锡耶纳度过的"夏季经历"。在与兄书这一惯常掩饰的背后，该书揭示了勤勉的文献搜集工作，聚焦于令英国游客兴致勃勃的天主教奢华典礼，以及空气畅通的意大利中部山间城市的临时住所，这是一种发掘半岛取之不竭的吸引力的全新方式，肇始于将她逐出罗马的命运的不可预见性。

早在十年前，玛丽·雪莱就已经写道，托斯卡纳的每一座小城市、每一处隐藏的小角落都密布着历史的参照物，她希望有朝一日进行一趟这样的旅行，去发现普通游客不知道的地方。她的这番愿望在杰西·韦斯特洛普的居留中变成现实，并且通过韦斯特洛普的贡献，成为注定产生庞大和持久成果的热门路线，其影响远超由托马斯·库克公司（Thomas Cook & Son）[1] 所组织的那些旅行，直至我们的时代。

---

1　创立于1841年的英国旅行社，开创现代旅游业的先河。

# 参考书目

**安妮-玛丽·杜·博卡日**

Anne-Marie Le Page du Boccage, 1710—1802

——《英国、荷兰和意大利书信集》(*Lettres sur l'Angleterre, la Hollande et l'Italie*)，载于《作品集》(*Recueil des oeuvres*)，vol. III，Lion，1770。英译本和德译本于同年问世。

——《杜·博卡日夫人书信集，涉及 1750 年、1757 年和 1758 年间她在法国、英国、荷兰和意大利的旅行》(*Lettres de Madame du Boccage contenant ses voyages en France, en Angleterre, en Hollande et en Italie, faits pendant les années 1750, 1757 et 1758*)，Dresden，1771。

**安娜·里格斯·米勒**

Anna Riggs Miller, 1741—1781

——《1770 年和 1771 年来自意大利的信，描述该国的风俗、习惯、古物、绘画等》(*Letters from Italy Describing the Manners, Customs, Antiquities, Paintings etc. of that Country, in the Years 1770 and 1771*)，3 voll.，London，1776。

**海丝特·林奇·皮奥齐**

Hester Lynch Piozzi, 1741—1821

——《法国、意大利和德国旅行过程中的观察和思考》(*Observations and Reflections Made in the Course of a Journey through France, Italy, and Germany*)，2 voll.，London，1789。现代版本参见《观察和思考》，H. Barrows、

Ann Arbor 编，MI，1964。该书的德译本问世于 1790 年。

—《皮奥齐行传，或已故的皮奥齐夫人回忆录》（*Piozziana; or, Recollections of the Late Mrs. Piozzi*），London，1833。

—《皮奥齐（瑟瑞尔）夫人自传、书信以及文学遗物》（*Autobiography, Letters, and Literary Remains of Mrs. Piozzi*［*Thrale*］），A. Hayward 编，2 voll.，London，1861。

《瑟瑞尔夫人和约翰逊医生的法国日志》（*A French Journal of Mrs. Thrale and Doctor Johnson*），M. Tyson 和 H. Guppy 编，Manchester，1932。

—《瑟瑞尔夫人行传：海丝特·林奇·瑟瑞尔夫人（后来的皮奥齐夫人）日记》（*Thraliana. The Diary of Mrs. Hester Lynch Thrale*［*later Mrs. Piozzi*］），K. C. Baldeston 编，2 voll.，Oxford，1942。

**玛丽·贝里**

Mary Berry，1762—1852

—《贝里小姐日志和书信集选 1783—1852》（*Extracts of the Journals and Correspondence of Miss Berry, from the Years 1783 to 1852*），T. Lewis 编，3 voll.，London，1866。

—《玛丽·贝里，一个英国人在意大利：1783—1823 年的日记和书信集。艺术，人物，社会》（*Mary Berry un'inglese in Italia. Diari e corrispondenze dal 1783 al 1823. Arte, personaggi, società*），B. Riccio 编，Roma，2000。

—《英国和法国：两国社会状况比较》（*England and France. A Comparative View of the Social Conditions of Both Countries*），2 voll.，London，1828—1831。

**伊丽莎白·维热·勒布伦**

Elisabeth Vigée Le Brun，1755—1842

—《露易丝·伊丽莎白·维热·勒布伦夫人回忆录》（*Souvenirs de Madame Louise Elisabeth Vigée Le Brun*），3 voll.，Paris，1835—1837；意译本：《一位女艺术家的意大利之旅：伊丽莎白·维热·勒布伦的〈回忆录〉，1789—1792》（*Viaggio in Italia di una donna artista. I ‹Souvenirs› di Elisabeth Vigée Le Brun, 1789-1792*），F. Mazzocca 编，Milano，2004。

—《一位女肖像画家的回忆录》（*Mémoires d'une portraitiste*），J. Chalon 作序，Paris，1984；意译本：《一位女肖像画家的回忆录》（*Memorie di una ritrattista*），G. Parodi 译，B. Craveri 引言，Milano，1990。

**伊丽莎白·瓦萨尔·韦伯斯特，后来的霍兰德夫人**

Elizabeth Vassall Webster，1771—1840

——《伊丽莎白·霍兰德夫人日志，1791—1811》（*The Journal of Elizabeth Lady Holland, 1791–1811*），伊尔切斯特伯爵（The Earl of Ilchester）编，2 voll., London, 1908。

《霍兰德家族编年史，1820—1900》（*Chronicles of Holland House, 1820–1900*），London, 1937。

**艾丽莎·冯·德·莱克**

Elisa von der Recke，1756—1833

——《穿越德国部分地区和意大利的旅行记》（*Tagebuch einer Reise durch einen Theil Deutschlands und durch Italien in den Jahren 1804 bis 1806*），4 voll., Berlin, 1815—1817。

——《德国、蒂罗尔和意大利之旅》（*Voyage en Allemagne, dans le Tyrol et en Italie*），3 voll., Paris, 1819。

**安妮·露易丝·德·斯塔尔**

Anne Louise Germaine Necker de Staël，1766—1817

——《柯琳娜，或意大利》（*Corinne; ou, l'Italie*，1807 年），C. Herrmann 编，2 voll., Paris, 1979；意译本：《柯琳娜，或意大利》（*Corinna o l'Italia*），E. Signorini 编，Milano, 2006。

——《十年流亡记》（*Dix annés d'exil*），Paris, 1821；意译本：《十年流亡记》（*Dieci anni d'esilio*），B. Craveri 导论，Locarno, 2006。

**玛丽安娜·斯塔克**

Mariana Starke，1762—1838

——《1792—1798 年的意大利来信……附方便病残者和家庭的指导》（*Letters from Italy, between the Years 1792 and 1798...with Instructions for the Use of Invalids and Families*），London, 1802。

——《欧陆旅行记》（*Travels in Europe for the Use of Travellers on the Continent*），Paris, 1828。

**凯瑟琳·威尔莫特**

Catherine Wilmot，1773—1824

——《一位爱尔兰贵族在欧陆，1801—1803：斯蒂芬·蒙特·卡希尔伯爵行经法国和意大利的叙述》（*An Irish Peer on the Continent, 1801–1803. Being a Narrative of the Tour of Stephen Earl Mount Cashel through France and Italy*），T. U. Sadleir 编，London，1920。

——《凯瑟琳·威尔莫特的壮游，法国 1801—1803 年，以及俄罗斯 1805—1807 年》（*The Grand Tours of Katherine Wilmot, France 1801–1803, and Russia 1805–1807*），E. Mavor 编，伦敦，1992。

——凯瑟琳·威尔莫特与玛莎·威尔莫特合著，《俄罗斯日志，1803—1808》（*Russian Journals, 1803–1808*），H. M. Hide 编，London，1934。

**西德尼·欧文森·摩根**

Sydney Owenson Morgan，1783—1849

——《法国》（*France*），London，1817，同年出版了法译本。

——《意大利》（*Italy*），2 voll.，London，1821。

——《致〈意大利〉评论家的信》（*Letter to the Reviewers of ‹Italy›*），London，1821。

——《摩根夫人回忆录》（*Lady Morgan's Memoirs*），W. Hepworth Dixon 编，2 voll.，London，1863。

**安娜·詹姆森**

Anna Jameson，1794—1860

——《苦恼人日记》（*The Diary of an Ennuyée*），London，1826。

——《早期意大利画家传略，以及意大利绘画的演进》（*Memoirs of the Early Italian Painters, and the Progress of Painting in Italy*），London，1845。

——《神圣与传奇艺术》（*Sacred and Legendary Art*），2 voll.，London，1848。

——《美术中表现出来的圣母传奇》（*Legends of the Madonna as Represented in the Fine Arts*），London，1850。

——《以艺术作品为典范的我主耶稣史，连同他的预兆；施洗约翰以及〈旧约〉和〈新约〉中其他人物的历史》（*The History of Our Lord as Exemplified in Works of Art, with That of His Types; St. John the Baptist, and Other Persons of the Old and New Testament*），London，1864。

**玛格丽特·加德纳，布莱辛顿伯爵夫人**

Marguerite Gardiner, Countess of Blessington, 1789—1849

——《书信日志以及拜伦爵士和布莱辛顿伯爵夫人谈话录》（*Journal of Correspondence and Conversations between Lord Byron and the Countess of Blessington*），London，1834。

——《意大利闲人》（*The Idler in Italy*），3 voll.，London，1839。

**玛丽·雪莱**

Mary Shelley, 1797—1851

——珀西·雪莱与玛丽·雪莱合著：《六星期旅行史》（*History of a Six Weeks' Tour*，1817），Oxford，1989；意译本：《走在雪莱夫妇的路上》（*Sulle strade degli Shelley*），M. Petrillo 编，Roma，2006（对照本）。

——《1840 年、1842 年和 1843 年德国、意大利漫行记》（*Rambles in Germany and Italy in 1840, 1842 and 1843*），2 voll.，London，1844；意译本：《闲游德国与意大利》（*A zonzo per la Germania e per l'Italia*），S. Berbeglia 编，Firenze，2004。

——《玛丽·雪莱日志 1814—1844》（*The Journals of Mary Shelley, 1814–1844*），P. R. Feldman 和 D. Scott-Kilvert 编，2 voll.，Oxford，1987。

**杰西·E. 韦斯特洛普**

Jessie E. Westropp

——《1854 年罗马、佩鲁贾和锡耶纳的夏季经历》（*Summer Experiences of Rome, Perugia and Siena in 1854*），London，1856；意译本：《意大利假期：罗马、佩鲁贾、锡耶纳》（*Vacanze in Italia. Roma, Perugia, Siena*），S. Neri 译，Siracusa，2012。

# 译名对照表

Acton, John Francis Edward 约翰·弗朗西斯·爱德华·阿克顿

Acquasola 阿瓜索拉

Addison, Joseph 约瑟夫·艾迪生

Agnano 阿尼亚诺

Agnesi, Maria Gaetana 玛丽亚·加埃塔娜·阿涅西

Albani 阿尔巴尼

Albano 阿尔巴诺

Albany, Luisa, contessa d' 阿尔巴尼伯爵夫人路易莎

Albaro 阿尔巴罗

Alessandro VI, Rodrigo Borgia 亚历山大六世，罗德里戈·博尔吉亚

Alfieri, Vittorio 维多利奥·阿尔菲耶里

Algarotti, Francesco 弗朗切斯科·阿尔加罗蒂

Ambrosiana 盎博罗削

Andrea del Sarto (Andrea d'Agnolo) 安德烈·德尔·萨尔托（安德烈·达尼奥洛）

Annibale Barca 汉尼拔·巴尔卡

Apollo del Belvedere 观景殿的阿波罗

Aquila Nera 黑鹰

Aquisgrana 亚琛

Ariccia 阿里恰

Arquà 阿尔夸

Asdrubale 哈斯德鲁巴

Assisi 阿西西

Averno 阿维诺湖

Aversa 阿韦尔萨

Avon 埃文河

Baedeker, Karl 卡尔·贝德克尔

Baia 巴亚

Bagni di San Giuliano 圣朱利亚诺浴场

Banks, Joseph 约瑟夫·班克斯

Baretti, Giuseppe 朱泽培·巴雷蒂

Barrett Browning, Elizabeth 伊丽莎白·巴雷蒂·勃朗宁

Barthélemy, Jean-Jacques 让-雅克·巴塞勒米

Bartolini, Lorenzo 洛伦佐·巴尔托里尼

Bassi, Laura 劳拉·巴斯

Battle Abbey 巴特尔修道院

Batoni, Pompeo 庞佩奥·巴托尼

Beauharnais, Joséphine de 约瑟芬·德·博阿尔内

Beaumont, Pauline de 保琳·德·博蒙

Bencivenni Pelli, Giuseppe 朱泽培·本奇维尼·佩里

Benedetto XIV, Prospero Lambertini 本笃十四世，普罗斯佩罗·兰贝尔提尼

Bernardi, Francesco, detto Senesino 弗朗切斯科·贝尔纳尔迪，人称塞内西诺

Bernini, Gian Lorenzo 詹·洛伦佐·贝尔尼尼

Berry, Agnes 阿格尼斯·贝里

Berry, Mary 玛丽·贝里

Berry, Robert 罗伯特·贝里

Bertini 贝尔提尼

Bettinelli, Saverio 萨维利奥·贝提内利

Blessington, Charles John Gardiner, conte di 查尔斯·约翰·加德纳·布莱辛顿伯爵

Blessington, lady Marguerite（Marguerite Gardiner）玛格丽特·布莱辛顿夫人（玛格丽特·加德纳）

Bolingbroke, Henry Saint-John, visconte di 亨利·圣约翰·博林布鲁克子爵

Bonvoisin, Costanzo Benedetto 康斯坦佐·贝内德多·邦伏瓦桑

Borghese, Camillo 卡米洛·博尔盖塞

Borghese, Paolina 保琳娜·博尔盖塞

Boucher, François 弗朗索瓦·布歇

Bracciano 布拉恰诺

Brenta 布伦塔

Brighton 布莱顿

Broschi, Carlo, detto Farinelli 卡洛·布罗斯基，人称法里内利

Browning, Robert 罗伯特·勃朗宁

Brun, Friederike 弗蕾德里克·布伦

Brunelleschi, Filippo 菲利波·布鲁内莱斯基

Brydone, Patrick 帕特里克·布莱顿

Buonarroti, Filippo 菲利波·波纳罗蒂

Burke, Edmund 埃德蒙·柏克

Burney, Charles 查尔斯·伯尼

Burney, Fanny 范尼·伯尼

Burney, Frances 弗朗西丝·伯尼

Burton, Robert 罗伯特·伯顿

Byron, Allegra 阿莱格拉·拜伦

Byron, Augusta Ada 奥古斯塔·阿达·拜伦

cabaret 卡巴莱

Cadenabbia 卡代纳比亚

Cagliostro（Giuseppe Balsamo）卡廖斯特罗（朱泽培·巴尔萨）

Cagnola, Luigi 路易吉·卡尼奥拉

Calais 加莱

Calvino, Giovanni（Jehan Cauvin）约翰·加尔文（杰罕·考文）

Camuccini, Vincenzo 温琴佐·卡穆奇尼

Canaletto (Giovanni Antonio Canal) 卡纳莱托（乔瓦尼·安东尼奥·卡纳尔）

Canova, Antonio 安东尼奥·卡诺瓦

Capecelatro, Giuseppe 朱泽培·卡佩切拉特罗

capo Miseno 米塞诺岬

Cappuccine 嘉布遣

Caravaggio (Michelangelo Merisi) 卡拉瓦乔（米凯兰杰洛·梅里西）

Carrara 卡拉拉

Carracci, Agostino 阿戈斯蒂诺·卡拉奇

Carracci, Annibale 阿尼巴莱·卡拉奇

Carracci, Ludovico 卢多维科·卡拉奇

Carriera, Rosalba 罗萨尔巴·卡列拉

Casanova, Giacomo 贾科莫·卡萨诺瓦

Caserta 卡塞塔

Castelforte 卡斯特尔福泰

Castruccio 卡斯特鲁乔

Cathcart, Charles 查尔斯·卡斯卡特

Cathcart, Jane 简·卡斯卡特

Cathcart, Mary 玛丽·卡斯卡特

Cavendish, Georgiana 乔治亚娜·卡文迪许

Cavendish, Margaret 玛格丽特·卡文迪许

Celari, canonico cortonese 切拉里，科尔托纳的神父

Cellini, Benvenuto 本维努托·切里尼

Cetona 切托纳

Cento 琴托

Chamouni 霞慕尼

Chateubriand, François-Auguste-René de 弗朗索瓦-奥古斯特-勒内·德·夏多布里昂

Chesterfield, Philip Dormer Stanhope, conte di 菲利普·多默·斯坦霍普·切斯特菲尔德伯爵

Chianti 基安蒂

Chichi, Antonio 安东尼奥·奇奇

Chiusi 丘西

Cimarosa, Domenico 多梅尼科·奇马罗萨

Clairmont, Claire 克莱尔·克莱蒙特

Clifford, Mrs. 克利福德太太

Cochin, Charles-Nicolas 夏尔-尼古拉·科尚

Coke, Mary 玛丽·柯克

colli Euganei 欧加内丘陵

Collot, Marie-Anne 玛丽-安妮·科洛

Colombo, Cristoforo 克里斯托弗·哥伦布

Consalvi, Ercole 埃尔科莱·孔萨尔维

Conway, Edward 爱德华·康威

Cook, James 詹姆斯·库克

Cooper, James Fenimore 詹姆斯·菲尼莫尔·库柏

Coppet 科佩

Corday, Charlotte 夏洛特·科尔黛

Cordelia 考狄利娅

Corinne 柯琳娜

Corradini, Antonio 安东尼奥·科拉迪尼

Correggio (Antonio Allegri) 柯勒乔（安东尼奥·阿莱格里）

Corsini, Neri 内里·科尔西尼

Cortona 科尔托纳

Culloden 卡洛登

Dalkeith Holmes, Mrs. 达尔基斯·霍尔摩斯夫人

Daskova, Ekaterina Romanovna 叶卡捷琳娜·罗曼诺娃·达斯科娃

Dauphin, Gustave 古斯塔夫·多芬

David, Jacques-Louis 雅克-路易·大卫

Delfico, Melchiorre 梅尔基奥莱·德尔菲科

Devonshire 德文郡

Diderot, Denis 德尼斯·狄德罗

Doccia 多奇亚

Domenichino (Domenico Zampieri) 多梅尼奇诺（多梅尼科·詹皮耶里）

Don Porfidio 堂·波尔菲迪奥，佩鲁贾的教士

Dorotea di Curlandia 库尔兰的多萝特阿

Drogheda 德罗赫达

Du Boccage, Anne-Marie 安妮-玛丽·杜·博卡日

Du Boccage, Joseph 约瑟夫·杜·博卡日

Dumouriez, Charles-François 夏尔-弗朗索瓦·迪穆里埃

Du Perron, Madame 杜·佩隆夫人

Eastlake, Charles 查尔斯·伊斯特雷克

Eaton, Charlotte 夏洛特·伊顿

Elliott, Obadiah 奥巴代亚·埃利奥特

Ercolano 埃尔科拉诺

Este 埃斯特

Eustace, John Chetwode 约翰·切特伍德·尤斯塔斯

Euthanasia 优塔娜希娅

Evelyn, John 约翰·伊夫林

Fagan, Robert 罗伯特·法甘

Farmer, Maurice St. Leger 莫里斯·圣莱杰·法默

Ferdinando I di Borbone 波旁的费迪南一世

Ferdinando III d'Asburgo-Lorena 哈布斯堡-洛林的费迪南三世

Ferrara 费拉拉

Ferri, Ciro 奇罗·费里

Fielding, Henry 亨利·菲尔丁

Filippo V di Borbone 波旁的腓力五世

Flaminia 弗拉米尼亚

Flavigny, Louis-Agathon de 路易-阿加通·德·弗拉维尼

Foligno 弗利尼奥

Fontana, Felice 费里切·丰塔纳

Forsyth, Joseph 约瑟夫·福赛斯

Foscolo, Ugo 乌戈·福斯科洛

Fossombrone 福松布罗内

Fossombroni, Vittorio 维多利奥·弗索姆布洛尼

Franchini Taviani, Giulio 朱利奥·弗兰基尼·塔维亚尼

Frascati 弗拉斯卡蒂

Furlo 福尔洛

Furnes 弗尔讷

Gagni, Monsieur de 加尼先生

Gainsborough, Thomas 托马斯·庚斯博罗

Gamba, Pietro 彼埃特罗·甘巴

Garrick, David 大卫·盖里克

Gatteschi, Ferdinando 费尔迪南多·加泰斯基

Gauffier, Louis 路易·高菲耶

Gell, William 威廉·盖尔

Genzano 真扎诺

Gianetti, Michelangelo 米凯兰杰洛·贾内蒂

Giano 贾诺

Ginori 吉诺利

Giotto di Bondone 迪·邦多内·乔托

Godwin, William 威廉·戈德温

Goethe, Ottilie von 奥蒂莉·冯·歌德

Goldoni, Carlo 卡洛·哥尔多尼

Goldsmith, Oliver 奥利弗·戈德史密斯

Gozzi, Gaspare 加斯帕雷·格兹

Graham, Thomas 托马斯·格雷厄姆

Gran San Bernardo 大圣伯纳德山口

Gray, Thomas 托马斯·格雷

Grosley, Pierre-Jean 皮埃尔-让·格罗斯雷

Grotta di Posillipo 波西利波山洞

Guercino (Giovanni Francesco Barbieri) 圭尔奇诺（乔瓦尼·弗朗切斯科·巴尔比耶里）

Guglielmo I il Conquistatore 征服者威廉一世

Guiccioli, Alessandro 亚历山德罗·圭乔利

Guitera, Carlo 卡洛·圭泰拉

Hackert 哈克特

Hackert, Jakob Philipp 雅各布·菲利普·哈克特

Hamilton, Emma 艾玛·汉密尔顿

Hamilton, William 威廉·汉密尔顿

Hart, Emma 艾玛·哈特

Hatchet 哈切特

Hervey, Frederick Augustus (lord Bristol) 弗雷德里克·奥古斯图斯·赫维（布里斯托尔爵士）

Holbrook 霍尔布鲁克

Holland, Henry Richard Vassall Fox, terzo lord 霍兰德爵士三世，亨利·理查德·瓦萨尔·福克斯

Husum 胡苏姆港

Hunt, James Henry Leigh 詹姆斯·亨利·利·亨特

Hunt, Marianne 玛丽安娜·亨特

Hyères 耶尔

Ischia 伊斯基亚

Jameson, Anna (Anna Brownell Murphy) 安娜·詹姆森（安娜·布劳内尔·墨菲）

Jameson, Robert 罗伯特·詹姆森

Jemappes 热马普

Jenkins, Thomas 托马斯·詹金斯

Karlsbad 卡尔斯巴德

Kauffmann, Angelica 安杰丽卡·考夫曼

Kerkenrüyter 克肯吕伊特

Kensington 肯辛顿

Keyssler, Johann Georg 约翰·格奥尔格·凯斯勒

Knockbrit 克诺克布里特

Knox, Alexander Andrew 亚历山大·安德鲁·诺克斯

Kochin 科尚

Kutuzov, Michail Illarionovič 米哈伊尔·伊拉里奥诺维奇·库图佐夫

La Corona 拉·科洛纳

Lalande, Joseph-Jérôme Le Français de 约瑟夫-热罗姆·勒·弗朗塞·德·拉兰德

Lawrence, Thomas 托马斯·劳伦斯

Lazio 拉齐奥

Le Brun, Elisabeth Vigée 伊丽莎白·维热·勒布伦

Le Brun, Jean-Baptiste Pierre 让-巴蒂斯特·皮埃尔·勒布伦

Lerici 莱里奇

Letizia Bonaparte 莱蒂齐娅·波拿巴

Leveson-Gower, Granville 格兰维尔·利文森-高尔

Lévi-Strauss, Claude 克劳德·列维-斯特劳斯

Lima 利马

Lindsay, Alexander 亚历山大·林赛

Lippi, Filippo 菲利波·里皮

Livorno 利沃诺

Louth 劳斯郡

Lorrain, Claude 克劳德·洛兰

Luigi XVI di Borbone 波旁的路易十六

Macaulay, Thomas Babington 托马斯·巴宾顿·麦考莱

Maddalena 玛德莱娜

Madras 马德拉斯

Maggiore 马焦雷

Matturello 马图莱罗

Manin, Lodovico Giovanni 卢多维科·乔瓦尼·马宁

Mann, Horace 霍拉斯·曼

Mantova 曼托瓦

Marat, Jean-Paul 让-保罗·马拉

Maratta, Carlo 卡洛·马拉塔

Maria Antonietta d'Asburgo-Lorena 哈布斯堡-洛林的玛丽·安托瓦内特

Maria Carolina d'Asburgo-Lorena 哈布斯堡-洛林的玛丽·卡洛琳娜

Maria Teresa d'Asburgo 哈布斯堡的玛丽亚·特蕾莎

Marmore 马尔莫雷

Marsigli 马尔西伊

Massena, Andrea 安德烈·马塞纳

Matthews, Henry 亨利·马修斯

Mattonaia 马托纳亚

Ménageot, François-Guillaume 弗朗索瓦-纪尧姆·梅纳若

Mecenate, Gaio 盖约·梅切纳特

Mencenisio 蒙切尼西奥

Meschieri 梅斯奇耶里

Metastasio, Pietro 彼埃特罗·梅塔斯塔西奥

Metauro 梅陶罗

Milbanke, Annabella 安娜贝拉·米尔班克

Miller, Anna Riggs 安娜·里格斯·米勒

Miranda, Francisco de 弗朗西斯科·德·米兰达

Miseno 米塞诺

Mittau 米陶

Milvio 米尔维奥

Modena 摩德纳

Moncenisio 蒙切尼西奥

Montagu, Elizabeth 伊丽莎白·蒙塔古

Montagu, Mary Wortley 玛丽·沃特利·蒙塔古

Montecassino 蒙特卡西诺

Monterosi 蒙特罗西

Monti, Vincenzo 温琴佐·蒙蒂

More, Hannah 汉娜·莫尔

More, Jacob 雅各布·莫尔

Morgan, Sydney (Sydney Owenson) 西德尼·摩根（西德尼·欧文森）

Morgan, Thomas Charles 托马斯·查尔斯·摩根

Morey 莫雷

Mount Cashell, Margaret 玛格丽特·蒙特·卡希尔

Mount Cashell, Stephen 斯蒂芬·蒙特·卡希尔

Murphy, Denis Brownell 德尼斯·布劳内尔·墨菲

Murray, John 约翰·穆雷

Nardini, Tommaso 托马索·纳尔迪尼

Narni 纳尔尼

Negrito 内格里托

Nelvil 内尔维尔

Nemi 内米

Novara 诺瓦拉

O'Hara, Charles 查尔斯·奥哈拉

Olevano 奥莱瓦诺

Orsay, Alfred Guillaume Gabriel d' 阿尔弗雷·纪尧姆·加布里埃尔·德·奥塞

Orvieto 奥尔维耶托

Ostenda 奥斯坦德

Oswald Nelvil 奥斯瓦尔德·内尔维尔

Overbeck 奥维尔贝克

Overbeck, Johann Friedrich 约翰·弗里德里希·奥维尔贝克

Owenson, Thomas 托马斯·欧文森

Paine, Thomas 托马斯·潘恩

Paisiello, Giovanni 乔瓦尼·帕伊谢洛

Palazzo Pitti 皮蒂宫

Palazzo Zambeccari 赞贝卡里宫

Parini, Giuseppe 朱泽培·帕里尼

Passionei, Domenico Silvio 多梅尼科·西尔维奥·帕西奥内

Patch, Thomas 托马斯·帕奇

Pergola 佩尔戈拉

Pergolesi, Giovanni Battista 乔瓦尼·巴蒂斯塔·佩尔戈莱西

Petrarca, Francesco 弗朗切斯科·彼特拉克

Pichler, Giovanni 乔瓦尼·皮希勒

Pietro III 彼得三世

Pietro da Cortona 彼埃特罗·达·科尔托纳

Pignotti, Lorenzo 洛伦佐·皮尼奥蒂

Pio VII (Barnaba Chiaramonti) 庇护七世（巴纳巴·奇亚拉蒙蒂）

Piozzi, Gabriele 加布里埃列·皮奥齐

Piozzi, Hester Lynch 海丝特·林奇·皮奥齐

Piranesi, Giovanni Battista 乔瓦尼·巴蒂斯塔·皮拉内西

Polcevera 波尔切韦拉

Porporati, Carlo 卡洛·波尔波拉蒂

Porsenna 波尔塞纳

Porto Recanati 雷卡纳蒂港

Posselt, Franz 弗朗茨·波塞尔特

Poussin, Nicolas 尼古拉·普桑

Power, Beau 博·鲍尔

Power, Mary Ann 玛丽·安·鲍尔

Procuste 普罗库斯特

Quercino 圭尔奇诺

Quirinale 奎里奈尔丘

Radcliffe, Ann (Ann Ward) 安·拉德克里夫（安·沃德）

Radicofani 拉迪科法尼

Raffaello Sanzio 拉斐尔·桑齐奥

Recke, Elisa von der 艾丽莎·冯·德·莱克

Recke, Georg Magnus von der 格奥尔格·马格努斯·冯·德·莱克

reggia di Colorno 科洛尔诺公爵宫

Resina 热西纳

Reni, Guido 圭多·雷尼

Reynolds, Joshua 乔舒亚·雷诺兹

Richard, Jérôme 热罗姆·理查

Rigby, Elizabeth (lady Eastlake) 伊丽莎白·里格比（伊斯特雷克夫人）

Riggs, Edward 爱德华·里格斯

Rimini 里米尼

Rio, Alexis-François 阿莱克西－弗朗索瓦·利奥

Rivarola, Agostino 阿戈斯蒂诺·里瓦洛拉

Robert, Hubert 于贝尔·罗贝尔

Rogers, Samuel 萨缪尔·罗杰斯

Rosa, Salvator 萨尔瓦多·洛萨

Ruskin, John 约翰·罗斯金


Salerno 萨莱诺

San Leucio 圣莱乌乔

San Sebastiano 圣塞巴斯蒂亚诺

Sansevero 圣塞维洛

Sant'Anastasia 圣阿纳斯塔西亚

Santa Chiara 圣基亚拉

San Terenzo 圣特伦佐

Sarteano 萨尔泰阿诺

Savage 萨瓦奇

Savoia 萨沃亚

Serchio 塞尔基奥

Scawronski, Pavel 帕维尔·斯卡沃隆斯基

Scheggia 斯凯贾

Schlegel, August Wilhelm 奥古斯特·威尔海姆·施莱格尔

scirocco 西罗可

Sharp, Samuel 萨缪尔·夏普

Shelley, Clara Everina 克拉拉·埃维丽娜·雪莱

Shelley, Mary (Mary Wollstonecraft Godwin) 玛丽·雪莱（玛丽·沃斯通克拉夫特·戈德温）

Shelley, Percy Florence 珀西·弗罗伦斯·雪莱

Shelley, William 威廉·雪莱

Sibilla (Sibyl) 西比尔

Sismondi, Jean Charles Lèonard Simonde de 让·夏尔·列奥纳尔·西蒙德·德·西斯蒙迪

Sisto V (Felice Peretti) 西克斯图斯五世（费里切·佩雷蒂）

Smollett, Tobias 托比亚斯·斯摩莱特

Somma 索玛

Soratte 索拉泰

Sorrento 苏莲托

Spallanzani, Lazzaro 拉扎洛·斯帕兰扎尼

Spoleto 斯波莱托

Staël, Madame de (Anne Louise Germaine Necker) 德·斯塔尔夫人（安妮·露易丝·耶尔曼·内克尔）

Starke, Mariana 玛丽安娜·斯塔克

Starke, Richard 理查德·斯塔克

Sterne, Laurence 劳伦斯·斯特恩

Stisted, Clotilda Elizabeth 克洛蒂尔达·伊丽莎白·斯提斯特德

Story, William Wetmore 威廉·威特摩尔·斯托里


Talleyrand-Périgord, Charles-Maurice 夏尔－莫里斯·塔列朗－佩里戈尔

Tasso, Torquato 托尔夸多·塔索

Teniers, David 大卫·特尼尔斯

Teotochi Albrizzi, Isabella 伊莎贝拉·迪奥托基·阿尔布里兹

Terni 特尔尼

Terracina 泰拉奇纳

Tevere 特韦雷河

Tolosa 托洛萨

Toeplitz 特普利兹

Thorvaldsen, Bertel 伯特尔·托瓦尔森
Thrale, Hester 海丝特·瑟瑞尔
Thrale, Henry 亨利·瑟瑞尔
Trasimeno 特拉西梅诺
Troetska 特罗伊茨克
Tieck, Johann Luwig 约翰·路德维希·蒂克
Tiedge, Christoph August 克里斯托弗·奥古斯特·蒂德格
Tivoli 蒂沃利
Trelawny, Edward John 爱德华·约翰·特雷洛尼
Trollope, Frances 弗朗西斯·特罗洛普

Umbria 翁布里亚

Valchiusa 瓦尔基乌萨
Vanini 瓦尼尼
Vasari, Giorgio 乔尔吉奥·瓦萨里
Vassall, Samuel 萨缪尔·瓦萨尔
Velino 韦利诺
Venuti, Ridolfino 里多尔菲诺·维努蒂
Ventimiglia 文蒂米利亚
Vermeer, Jan 扬·维米尔
Verri, Pietro 彼埃特罗·维里
Via Flaminia 弗拉米尼亚大道
Viareggio 维亚雷焦
Villa Mattei 马泰伊别墅
Villa Montalto 蒙塔尔托别墅
Villa Pamphili 潘菲利别墅

Virgilio Marone, Publio 普布利乌斯·维吉尔·马洛
Visconti, Giovanni Battista 乔瓦尼·巴蒂斯塔·维斯孔蒂
Vivant Denon, Dominique 多米尼克·维旺·德农
Vomero 沃梅罗

Walpole, Horace 霍拉斯·沃波尔
Webster, Elizabeth Vassall 伊丽莎白·瓦萨尔·韦伯斯特
Webster, Godfrey 戈德弗雷·韦伯斯特
Webster, Harriet Frances 哈丽特·弗朗西丝·韦伯斯特
Wellington, Arthur Wellesley, duca di 亚瑟·韦斯利·威灵顿公爵
Westropp, Jessie E. 杰西·E.韦斯特洛普
Williams, Edward 爱德华·威廉姆斯
Williams, Jane 简·威廉姆斯
Wilmot, Catherine 凯瑟琳·威尔莫特
Wilmot, Martha 玛莎·威尔莫特
Wilscheck, Johann 约翰·维尔舍克
Winckelmann, Johann Joachim 约翰·约阿希姆·温克尔曼
Wyndham, William Frederick 威廉·弗雷德里克·温德姆

Zappoloni 扎波洛尼

我思，我读，我在
Cogito, Lego, Sum